Phil Moser

Hol dir
DEINE ZEIT
zurück!

BIBLISCHE STRATEGIEN
zur Überwindung der Aufschieberitis

Weitere kostenlose Materialien zur Ergänzung dieses Buches sowie weitere Bände dieser Buchserie findest du auf

www.biblischestrategien.de

Phil Moser
Hol dir deine Zeit zurück! Biblische Strategien zur Überwindung der Aufschieberitis

2. Auflage 2022
ISBN 978-3-947196-92-0
Alle Rechte vorbehalten.

Originaltitel: *Taking Back Time – Biblical Strategies for Overcoming Procrastination*
Copyright © 2014 by Phil Moser
Published by Biblical Strategies, www.biblicalstrategies.com
This edition published by arrangement with Biblical Strategies.
All rights reserved.

Copyright © der deutschen Ausgabe 2022
EBTC Europäisches Bibel Trainings Centrum e. V.
An der Schillingbrücke 4 · 10243 Berlin
www.ebtc.org

Übersetzung: Jo Frick
Lektorat: Eva Oehrli, Sinja Heinemann
Cover & Satz: Alexander Benner, Oleksandr Hudym
Herstellung: ARKA, Cieszyn (Polen)

Bibelzitate sind, wenn nicht anders vermerkt, der *Schlachter 2000* entnommen.

Sollten sich Rechtschreib-, Zeichensetzungs- oder Satzfehler eingeschlichen haben, sind wir für Rückmeldungen dankbar. Nutze dazu diesen QR-Code oder die folgende E-Mail-Adresse:
fehler@ebtc.org

DANKSAGUNG

Mein Dank geht an meinen Papa, Arnie Moser (1925–2014), der mir die Liebe zur Heiligen Schrift vorgelebt und dessen Hingabe zum Bibelstudium mich beflügelt hat.

Weiterer Dank geht an Joe Schenke für eine Predigt, die die Gedanken zu »Lebe im Geist« (S. 67–97) hervorgerufen hat. Auch seine Einsichten in »Ein Identitätsverständnis auf Basis biblischer Werte entwickeln« (S. 123) waren von unschätzbarem Wert.

Mein Dank geht auch an Jack Klose für seine Fragen und Denkanstöße, die in jeden Rechenschaftsplan und in jede Arbeitshilfe eingeflossen sind.

INHALTSVERZEICHNIS

Die Aufschieberitis in Angriff nehmen 7

Teil 1: Denke, wie Gott denkt 11
   Furcht: Der geheime Motivator 11
   Stolz: Der vermessene Optimist 29
   Faulheit: Der sture Befähiger 40

Teil 2: Tu, was Jesus tat 55

Teil 3: Lebe im Geist 67

Verwalte deine Zeit 99

Wie du das Gelernte umsetzen kannst 101
   Das Gebet 103
   Die Schrift 107
   Der Heilige Geist 117

DIE AUFSCHIEBERITIS IN ANGRIFF NEHMEN

Aufschieberitis. Allein das Aussprechen der fünf Silben dieses Wortes braucht schon Zeit. Sag es langsam vor dich hin und dir kommen automatisch Bilder in den Kopf von ungeprüften Kontoauszügen, Steuererklärungen, ellenlangen Aufgabenlisten deines Partners und von Leuten, die auf deinen Rückruf warten. Jeder von uns neigt dazu, bestimmte Aufgaben aufzuschieben. Es ist gar nicht so einfach, sich ein Buch zum Thema Aufschieberitis zu Gemüte zu führen, nicht wahr? Vielleicht geht es dir wie mir und du befürchtest, dass du eigentlich doch nicht zu beschäftigt warst, um deine Aufgaben zu erledigen, oder dass dein voller Terminkalender doch nicht schuld ist oder dass du die Schuld nicht länger auf deinen Vorgesetzten schieben kannst. Bei so vielen Selbstentdeckungen müsstest du dir ja eingestehen, dass du dich verändern musst. Und wenn du zugäbest, dass du dich verändern musst, wäre das eine weitere Sache, die du auf deine lange »To-Do-Liste« setzen müsstest. Aber natürlich liegt es ganz in deinem Ermessen, auch dies aufzuschieben.

Wenn wir etwas auf die lange Bank schieben, denken wir oft, dass es sich lediglich um ein Zeitproblem handelt. Wir sagen: »Ich wollte eigentlich noch dieses oder jenes tun, hatte aber einfach nicht die Zeit dazu« oder: »Ich war heute so beschäftigt, dass ich das auf morgen verschieben musste«. Aus diesem Grund beschäftigt sich ein Großteil der Literatur zum Thema Aufschieben mit Prioritäten und Zeitmanagement. Wenngleich diese Dinge wichtig sind, liegt die Wurzel des Problems noch tiefer. Man kann nicht ansprechen, *wie* man der Tendenz, etwas aufschieben zu wollen, zu Leibe rückt, ohne sich ehrlich damit auseinanderzusetzen, *warum* man ständig Dinge aufschiebt. Die Tendenz, Dinge auf die lange Bank zu schieben, hat verborgene Ursachen, die in unserem Herz lauern. Ich glaube, dass uns nichts mehr hilft, die Gedanken und Absichten unseres Herzens zu erkennen, als die Heilige Schrift (Heb 4,12). Anhand des Wortes Gottes können wir diese verborgenen Ursachen entlarven. Sowohl im Alten als auch im Neuen Testament gebraucht Gott Bilder, die uns helfen, unsere persönlichen Beweggründe für die Tendenz, Dinge aufzuschieben, in Erfahrung zu bringen. Der törichte Haushalter fürchtet sich (Mt 25,25); der vermessene Optimist ist stolz (Jak 4,13–16); und der Planlose ist faul (Spr 6,6–8). Obwohl die drei sich jeweils in ihren Beweggründen unterscheiden, kommt unter dem Strich bei jedem dasselbe heraus: *Was er heute könnt' besorgen, verschiebt er lieber doch auf morgen.*

In der Bibel entdecken wir, wie Gott über das Aufschieben denkt. Durch das Vorbild, das uns Jesus liefert, lernen wir, wie er mit unterschwelligen Versuchungen des Aufschiebens umging und diese besiegte. Und wenn wir im Geist wandeln, können wir uns neue Gewohnheiten aneignen, die uns davon abhalten, das auf morgen zu verschieben, was wir auch heute schon erledigen können. Also hör auf, es weiterhin aufzuschieben! Der Berg wird nicht dadurch kleiner, dass du bis morgen wartest, ihn zu erklimmen. Wenn du den Eindruck hast, dass dir die Zeit davonläuft, dann fang jetzt an, sie dir zurückzuholen.

TEIL 1:
DENKE, WIE GOTT DENKT

FURCHT:
DER GEHEIME MOTIVATOR

Dinge auf die lange Bank zu schieben, ist eine menschliche Abwehrreaktion auf Furcht. Vielleicht hast du es noch nicht so drastisch gesehen, doch ganz egal, ob du ein schwieriges Projekt oder eine Auseinandersetzung aufschiebst, es ist gut möglich, dass du Angst hast. Jesus offenbart diese Wahrheit, als er die Geschichte von den drei Haushaltern erzählt (Mt 25,14–30). Ein *Haushalter* ist jemand, dem von seinem Herrn bestimmte Güter anvertraut worden sind.[1] Er ist weder der Besitzer dieser Güter, noch hat er sie verdient.[2] In der Geschichte wurde

---

[1] Don Stewart, »Stewardship« in *The Holman Illustrated Bible Dictionary* (Nashville, TN: Holman Bible Publishers, 2003), S. 1534.
[2] In J. R. Tolkiens *Rückkehr des Königs* wird Lord Demethor als *Haushalter* von Gondor bezeichnet; er ist nicht der König. Im großen

jedem Haushalter die Verantwortung über eine bestimmte Geldsumme übertragen, die es galt, weise zu investieren. Im Gleichnis, das Jesus erzählt, wurden jedem Haushalter von seinem Herrn bestimmte Talente anvertraut. Der Begriff *Talent* beschreibt den Wert der Güter, die ihnen zur Verfügung gestellt wurden. Ein Haushalter erhielt fünf Talente, der nächste zwei Talente und der letzte ein Talent. Im biblischen Sprachgebrauch war ein Talent eine finanzielle Einheit, die in Gold oder Silber gemessen wurde. Ein Talent Silber entsprach, auf heute umgerechnet, ca. 384.000 Euro und ein Talent Gold ca. 5.760.000 Euro.[3] Wenn man vom Goldstandard ausgeht, dann wurden dem ersten ca. 29 Millionen Euro, dem zweiten 11,5 Millionen Euro und dem dritten 5,75 Millionen Euro anvertraut. Das ist ein ganz schöner Batzen Geld, den man für jemand anderen verwalten soll!

Die ersten beiden Haushalter investierten das Geld weise und erfüllten somit die Erwartungen ihres Herrn. Der Herr lobte sie dafür, dass sie ihre Aufgabe gut gemacht hatten (Mt 25,21.23). Der drit-

---

Thronsaal befindet sich der Thron, von dem aus Demethor regiert, am Fuße der Stufen, die zum leeren Thron des Königs auf dem erhobenen Podium führen. Tolkien gelingt es somit ausgezeichnet, das Konzept der Haushalterschaft darzustellen. In der Abwesenheit des Königs soll Demethor das Volk anführen und das Reich beschützen, aber es bleibt ihm verwehrt, die Stufen zu erklimmen und die Rolle des Königs zu übernehmen. Er ist lediglich ein Haushalter, dem keine souveräne Vollmacht erteilt wurde.

[3] John MacArthur, *JohnMacArthur Studienbibel* (Bielefeld: CLV, 2004), S. 2158.

te Haushalter entschloss sich dazu, sein Talent nicht zu investieren. So unfassbar es auch sein mag: Er nahm eine Schaufel zur Hand, ging in den Garten hinter seinem Haus, ließ fast sechs Millionen Euro in einem Loch im Boden verschwinden und schaufelte es wieder zu. Dann ging er ins Haus und wartete auf die Rückkehr seines Herrn. Ergeht es dir nicht auch so, dass du in die Geschichte von Jesus hineinspringen, den törichten Haushalter an den Schultern packen und ihn einmal kräftig durchschütteln willst, während du ihn anschreist: »Was fällt dir nur ein?! Wie kannst du sechs Millionen Euro in deinem Garten verscharren?« Doch bei der Rückkehr des Herrn verrät uns der Haushalter mit dem einen Talent, was er sich dabei gedacht hatte. Wenn wir in die Geschichte hineinhören, entdecken wir den Motivator, der sich auch hinter unser eigenen Aufschieberitis verbirgt. Hier kommt sein Geständnis:

> Herr, ich kannte dich, dass du ein harter Mann bist. Du erntest, wo du nicht gesät, und sammelst, wo du nicht ausgestreut hast; und ich fürchtete mich, ging hin und verbarg dein Talent in der Erde. Siehe, da hast du das Deine! (Mt 25,24b–25)

Mit drei Wörtern begründete er seine aufgeschobene Investition: »Ich fürchtete mich«. In der Bibel sehen wir immer wieder, wie eingestandene Furcht die Ursache für fehlendes Handeln oder falsches Handeln ist. Betrachte folgende Beispiele:

- Nachdem Adam im Garten Eden gesündigt hatte, hätte er auf Gott zugehen sollen, um das Problem zu lösen. Stattdessen versteckte er sich. Als er entdeckt wurde, antwortete er: »Ich […] fürchtete mich« (1Mo 3,10).
- Als Jakob die Absichten seines Schwiegervaters hinterfragte, hätte er ihn direkt darauf ansprechen sollen, doch er entschloss sich dazu, im Schutze der Nacht zu fliehen. Als er zur Rede gestellt wurde, antwortete er: »Ich fürchtete mich« (1Mo 31,31).
- Elihu, der jüngste von Hiobs Ratgebern, war vom Alter der drei anderen so eingeschüchtert, dass er schweigend dabeisaß und später zugab: »Darum […] fürchtete ich mich.« (Hi 32,6)

Furcht kann dir den Boden unter den Füßen wegziehen. Sie kann deine Gedanken zum Stillstand bringen, deine Gefühle außer Gefecht setzen und deine Entscheidungsfähigkeit lähmen.

Wenn es ums Aufschieben geht, gewinnen zwei Elemente in unserer Furcht die Oberhand – ein Gefühl der Unzulänglichkeit und die Erinnerung an unser Versagen in der Vergangenheit.[4]

---

[4] Wenn du zur Zeit der Bibel in Israel aufgewachsen wärst, würdest du die Angst vor einer ungewissen Zukunft nur allzu gut kennen. Deine Freunde und deine Familie wurden ihrem Zuhause entrissen und

TEIL 1: DENKE, WIE GOTT DENKT

Ein Gefühl der Unzulänglichkeit

Das ist zu schwierig. Wenn du es aufschiebst, wird es irgendwann leichter von der Hand gehen.

Wenn wir die Belange und Schwierigkeiten von heute aufschieben, weil wir uns für unzulänglich halten, stellen wir oft fest, dass die Angelegenheit nur noch schwieriger wird und nicht leichter. Der törichte Haushalter behauptete, der Aufgabe nicht gewachsen zu sein. Er glaubte, dass der Maßstab seines Herrn für seine Fähigkeit zu hoch angesetzt war. Indem er der Furcht erlag, schob er seine Verantwortung, das Geld als Haushalter zu investieren, vor sich hin (Mt 25,25). Wenn wir die Geschichte lesen, können wir uns leicht in den Haushalter mit dem einem Talent hineinversetzen. Wir verstehen seine Furcht. Wenn man uns sechs Millionen Euro anvertrauen würde, würden wir uns auch unzulänglich fühlen!

---

in die Gefangenschaft verschleppt. Selbst wenn es dir vergönnt war, in deinem Eigenheim zu bleiben, trieben ständig Diebe und Räuber ihr Unwesen, nahmen sich, was ihnen nicht gehörte und taten jedem, der sich ihnen widersetzte, Gewalt an. Jesus sprach genau zu diesem Publikum, als er sagte: »Darum sollt ihr euch nicht sorgen um den morgigen Tag; denn der morgige Tag wird für das Seine sorgen. Jedem Tag genügt seine eigene Plage« (Mt 6,34). Dies ist eine wertvolle Lektion für den, der gerne Dinge auf die lange Bank schiebt: Wenn du die Belange des heutigen Tags auf morgen verschiebst, musst du dich morgen sowohl mit den Belangen von morgen als auch mit denen von heute herumschlagen.

Als Seelsorger ist mir oft aufgefallen, dass Menschen, die sich vor eine Aufgabe gestellt sehen, die ihnen ein Gefühl der Unzulänglichkeit vermittelt, von gutmeinenden Freunden oft zu hören bekommen, dass sie es schaffen können – dass sie einfach nur an sich selbst glauben müssten. Wenngleich diese Worte als Ermutigung gemeint sind, können sie doch ziemlich gefährlich sein. Die Bibel lehrt, dass wenn du dich in deiner eigenen Kraft oder Fähigkeit für unzulänglich hältst, dies wirklich gerechtfertigt sein kann. In den Sprüchen heißt es:

> Vertraue auf den HERRN von ganzem Herzen und *verlass dich nicht auf deinen Verstand*; erkenne Ihn auf allen deinen Wegen, so wird Er deine Pfade ebnen.« (Spr 3,5–6; Betonung hinzugefügt)

Wenn du dich der Aufgabe, zu der dich Gott berufen hat, nicht gewachsen siehst, sollte es dich motivieren, ihm mehr zu vertrauen als dir selbst. Auf diese Weise überwindest du dein Gefühl der Unzulänglichkeit. Als Gideon sich fürchtete, wurde ihm zugesichert, dass der HERR für ihn kämpfen würde (Ri 7,20). Dasselbe gilt auch für David, der erklärte, dass Goliath nicht gegen einen Hirtenjungen, sondern gegen den HERRN kämpfte (1Sam 17,45). Stell dir einmal vor, der Haushalter mit dem einen Talent wäre so an die Sache herangegangen. Wenngleich er sich selbst der Aufgabe vielleicht nicht gewachsen sah, hätte er seine Zuversicht daraus ziehen sollen, dass sein Herr ihn wohlüberlegt dafür ausgesucht hatte. Der Herr, der ein Millionenvermögen angehäuft hatte, sollte doch wohl weise genug sein, um die Haushalter richtig einzuschätzen, die er dafür auserkoren hatte. Deshalb lesen wir, dass der Herr jedem Haushalter »nach seiner Kraft« gab (Mt 25,15). Der Herr wusste es am besten. Doch der Haushalter vertraute mehr auf seine Selbstwahrnehmung als auf die Einschätzung des Herrn in Bezug auf seine Fähigkeiten. Deshalb fürchtete er sich. Auch unser Herr verfügt über vollkommene Weisheit. Er weiß alles, was der Realität entspricht, was möglich ist und was am besten für uns ist. Als Gott das Volk um das Jahr 1490 v. Chr. herum aus Ägypten herausführte, hätte der kürzeste Weg ins Verheißene Land Richtung Nordwesten am Mittelmeer entlang geführt. Die Straße war als der Philisterweg bekannt. Doch Gott entschied sich nicht für den kürzesten Weg. In seiner Weisheit führte er das Volk durch die Wüste zum Ufer des Schilfmeers. Die Heilige Schrift berichtet:

> Und es geschah, als der Pharao das Volk ziehen ließ, da führte sie Gott nicht auf die Straße durch das Land der Philister, obwohl sie die nächste war; denn Gott sprach: Es könnte das Volk reuen, wenn es Kämpfe vor sich sehen würde, und es könnte wieder nach Ägypten umkehren. Darum führte Gott das Volk einen

Umweg durch die Wüste am Schilfmeer. Und die Kinder Israels zogen gerüstet aus dem Land Ägypten. (2Mo 13,17–18)

Wenn das Volk Israel zur Schlacht gerüstet war und den HERRN der himmlischen Heerscharen auf seiner Seite hatte, warum nahm es dann nicht die direkteste Route? Weil der unendlich weise Gott wusste, dass es sich fürchten würde. Genau das meint der Theologe Wayne Grudem, wenn er sagt, dass Gottes Wissen so umfassend ist, dass er die Dinge, die möglich wären, genauso gut kennt, als seien sie Realität.[5] Wenn wir uns vor dem fürchten, was vor uns liegt, und vor dem Gefühl, unzulänglich zu sein, täten wir gut daran, uns das vor Augen zu führen, was der Haushalter mit dem einen Talent sich nicht vor Augen geführt hatte: Unser Herr hat die Ereignisse und Gelegenheiten, die auf uns zukommen, gemäß unseren Fähigkeiten vorbereitet. Um die Angst der Unzulänglichkeit zu überwinden, müssen wir nicht ein größeres Vertrauen auf unsere eigenen Fähigkeiten entwickeln, sondern wir brauchen ein größeres Vertrauen auf die Weisheit, Kraft und liebende Erwählung Gottes. Unser Vertrauen muss in Bezug auf die Weisheit Gottes zunehmen und nicht in Bezug auf unsere eigenen Fähigkeiten oder Begabungen.

---

[5] Wayne Grudem, *Biblische Dogmatik: Eine Einführung in die Systematische Theologie* (Bonn: Verlag für Kultur und Wissenschaft, 2013), S. 210.

Wenn wir etwas auf die lange Bank schieben, wird es letzten Endes dadurch nicht leichter. Dieses Prinzip zeigt sich oft in unseren zerbrochenen Beziehungen. Wenn wir ein ernstes Gespräch mit einem Freund oder Familienmitglied zu lange vor uns herschieben, wird es immer schwieriger, der anderen Person glaubhaft zu machen, dass sie uns aufrichtig am Herzen liegt. Wenn darüber hinaus aus Tagen Wochen und aus Wochen Jahre werden, verlieren wir die Motivation, das zu tun, was wir schon vor langer Zeit hätten tun sollen. Wenn Jesus in unserem Jargon gesprochen hätte, hätte er vermutlich gesagt: »Greif nach dem Hörer und mach's einfach. Kümmere dich heute um die Probleme von heute und vertraue dem Vater das Morgen an.«

Eine Erinnerung an das Versagen der Vergangenheit

Du hast schon einmal versagt, also wirst du auch diesmal wieder scheitern. Versuch's heute erst gar nicht.

Dich plagen vielleicht die Enttäuschungen der Vergangenheit; persönliches Versagen vermüllt deine Erinnerungen. Wenn du irgendwann in der Vergangenheit in einem bestimmten Bereich nicht weitergekommen bist, fällt es dir nun leicht, ähnliche Aufgaben in der Gegenwart vor dir herzuschieben. Die

Gedanken flüstern dir zu: »Wenn du schon einmal versagt hast, wirst du wieder scheitern.« Unsere Furcht vor erneutem Versagen versperrt somit die Tür zur Veränderung. Wir warten auf die rechte Motivation, die sich aber nie einstellt.

Vielleicht ist es dir in der Vergangenheit schwergefallen, dich an ein Gewichtskontrollprogramm zu halten. Anfangs warst du motiviert und konntest frühe Erfolge verzeichnen, aber dann hast du dich nicht mehr an die Diät gehalten. Die Pfunde kamen zurück, Entmutigung stellte sich ein und nun hast du die Motivation verloren, wieder von vorne anzufangen. Du erinnerst dich nicht an die kurzen Erfolge, sondern durchlebst ständig nur das Gefühl des Versagens. Einfach ein Lächeln aufsetzen und so tun, als störe es dich nicht. Also verschiebst du den berüchtigten »ersten Tag« auf morgen. Danach schiebst du es immer noch weiter hinaus und wartest auf die Motivation, die aber niemals kommt. Um die Motivation zurückzubekommen, die du brauchst, um zurück auf das Laufband zu steigen, musst du dich der Furcht vor erneutem Versagen stellen.

Die Bibel sagt: »[D]ie vollkommene Liebe treibt die Furcht aus« (1Joh 4,18). Dieser Vers hat mich von jeher fasziniert. Man sollte meinen, dass vollkommener Mut, vollkommene Ausdauer oder vollkommene Tapferkeit zu den besten Kandidaten gehören, um Furcht auszutreiben, doch der Heilige

Geist hat sich für vollkommene Liebe entschieden.[6] Die vollkommene Liebe unseres himmlischen Vaters begreifen wir am besten durch das stellvertretende Opfer, das Jesus für uns brachte (1Joh 3,16; 2Kor 5,21). Denn die Bibel sagt: »Gott aber beweist seine Liebe zu uns dadurch, dass Christus für uns gestorben ist, als wir noch Sünder waren« (Röm 5,18). Wegen einstigem Versagen hat man oft Angst, es noch einmal zu versuchen. Wir sind dann nicht von »vollkommener Liebe« motiviert, sondern von unserer eigenen Vollkommenheit. Wir weigern uns, es noch einmal zu versuchen, es sei denn, der Erfolg ist garantiert. Doch immer, wenn wir uns um unseren persönlichen Erfolg Sorgen machen, ist unser Stolz mit im Spiel (Jak 4,6b.10). Wir fürchten uns nicht nur einfach vor dem Versagen, sondern wir fürchten uns vor dem Prozess der Demütigung, der mit dem Versagen einhergeht. Es fällt uns leichter zu sagen: »Ich fange morgen mit einem Gewichtskontrollprogramm an«, als: »Ich habe gestern damit begonnen, habe es aber nicht geschafft, dabei zu bleiben«. Die erstere Aussage fällt leichter, weil wir dabei keine persönliche Schwäche einräumen müssen. Wir bewundern Demut in anderen, doch wir verachten das Versagen, welches Demut in uns

---

[6] Dies ist ein Grund dafür, dass jedes Büchlein der *Biblische Strategien*-Reihe Lernverse zum Wesen Gottes und zum Evangelium beinhaltet. Es reicht nicht, zur Versuchung »nein« zu sagen, sondern wir müssen auch lernen, »ja« zu sagen zu der Wahrheit, dass Gott uns bereits liebte, als wir noch von ihm entfremdet waren.

bewirkt. Versagen zwingt uns zuzugeben, dass uns die Kraft fehlt, unsere Ziele zu erreichen. Unser Stolz gleicht einem gereizten Pitbull – aggressiv, auf Abwehrhaltung und niemals auf der Suche nach Hilfe von anderen. Die letztere Aussage: »Ich habe gestern damit begonnen, habe es aber nicht geschafft, dabei zu bleiben«, zwingt dich dazu, Gott und andere um Hilfe zu bitten.

Wenn wir zulassen, dass unser persönliches Versagen sein beabsichtigtes Ziel erreicht, dann wird es uns demütigen und wir werden das nächste Mal um Hilfe bitten (Jak 5,16). Wir versuchen dann nicht mehr, die Sache in eigener Weisheit anzugehen, sondern bitten Gott um seine Weisheit (Jak 1,6). Wir werden ihm vertrauen, anstatt uns selbst (Spr 3,5–6). Das ist der Nutzen, den du aus persönlichem Versagen ziehen kannst, und du kannst sicher sein, dass der Teufel und alle seine Engel nicht wollen, dass du diesen Nutzen entdeckst. Sie flüstern dir die Lüge zu: »Bitte keinen um Hilfe. Schieb die Sache einfach auf, bis du die Willenskraft hast, sie allein anzugehen.«

Denk einmal darüber nach: Was ist das Schlimmste, was passieren könnte, wenn du heute anfängst? Du versagst, du demütigst dich, versuchst es noch einmal und wirst dabei zunehmend Jesus ähnlicher (Phil 2,5). Allerdings passiert es oft, dass uns unsere nagende Angst vor dem Versagen dazu bringt, die Dinge aufzuschieben, die wir in der Vergangenheit vermasselt haben. Unsere Versagensangst bringt somit keine Früchte, weil sie uns nicht zum Planen ermutigt; sie hat nur unproduktives Warten zu bieten. Je länger wir die Aufgabe, an der wir zuvor gescheitert sind, aufschieben, umso schwerer fällt es uns, die Sache letztendlich anzugehen. Wir müssen zugeben, dass wir schwach und unsicher sind. Uns allein überlassen würden wir wieder versagen. Mit solch einem Bewusstsein kannst du im Glauben einen Schritt vorwärts gehen. Wenn du den Anfang vor dir herschiebst, wirst du niemals die Motivation bekommen, die dir fehlt. Wer im Glauben wächst, gesteht vergangenes Versagen ein und vertraut Gott hinsichtlich zukünftiger Unterfangen. Du gehst dann vorwärts im Vertrauen auf Gottes vollkommene Liebe und vertraust nicht auf deine Leistungen in der Vergangenheit (Eph 2,8–9).

Das Gleichnis vom Haushalter mit dem einen Talent birgt eine gewisse Ironie. Während der Haushalter Angst vor dem Versagen hatte, hatte sein Herr keine Angst, ihm die Chance zu geben, es zu versuchen. Selbst wenn seine Ängste ihn etwas anderes glauben machten, hätte der Haushalter sein Vertrauen darauf setzen sollen, dass sein Herr es am besten wusste und seine Fähigkeiten mit einkalkuliert hatte. Der Herr hatte jede Aufgabe mit Bedacht maßgeschneidert: »Dem einen gab er fünf Talente, dem anderen zwei, dem dritten eins, jedem *nach seiner Kraft*« (Mt 25,15; Betonung hinzugefügt). Die Tatsache, dass die anderen mehr Talente bekamen, hätte das Vertrauen des Haushalters in die Weisheit seines Herrn stärken sollen. Es wurde nicht mehr von ihm erwartet, als er tatsächlich leisten konnte. Die größeren Talente, die den anderen beiden Haushaltern anvertraut wurden, hätten diese Einsicht bestätigen sollen, doch stattdessen gewann die Furcht überhand. Der Gedanke daran, versagen zu können, brachte ihn zum Straucheln; vielleicht würde ja der nächste Tag eine bessere Gelegenheit mit sich bringen. Doch der nächste Tag sorgte nur dafür, dass die Rückkehr des Herrn näher rückte und mittlerweile hätte seine Investition eine noch höhere Dividende abwerfen müssen, was wiederum mit einem erhöhten Risiko verbunden war. Wieder machte sich Furcht breit: »Lieber abwarten und sehen, was der nächste Tag bringt, anstatt einen Fehler zu machen«, flüsterte sie ihm zu. Schließlich brachte die Angst den Haushalter dazu, die Weisheit seines Herrn in Frage zu stellen. »Was hat er sich nur dabei gedacht, mir so viel Geld zu geben? Das ist eine Nummer zu groß für mich. Wenn ich versuche, es anzulegen, werde ich es bestimmt verlieren. Es ist viel besser, gar nichts zu tun.«

Der törichte Haushalter lehrt uns eine wichtige Wahrheit über Furcht und über die Neigung, Dinge aufzuschieben. Gott bürdet dir nie mehr auf, als du verkraften kannst. Wenn du Dinge aus Angst vor dem Versagen aufschiebst, zweifelst du an der Weisheit deines Herrn – genauso wie der törichte Haushalter (1Kor 10,13).

Beim ersten Lesen scheint es so, als ob der törichte Haushalter seinen Herrn für seine Angst verantwortlich macht. Er antwortete: »Herr, ich kannte dich, dass du ein harter Mann bist […] und ich fürchtete mich« (Mt 25,24–25). Aber die feste Behauptung »Ich kannte dich« erweist sich im Zusammenhang des Gleichnisses eher als die subjektive und verzerrte Wahrnehmung des Haushalters anstatt als objektive Tatsache. Ob man jemanden wirklich aufgrund von Tatsachen kennt oder die Person aus irgendeinem Grund anders wahrnimmt, macht einen entscheidenden Unterschied. Wahrnehmungen können tückisch sein. Sie schüren die Angst und tun dies losgelöst von jeglichem Wahrheitsgehalt. Mit Formulierungen wie »erntest, wo du nicht gesät« und »sammelst, wo du nicht ausgestreut hast« (Mt 25,24) malt der Haushalter ein Bild von seinem Herrn, das diesen eher wie einen Piraten als einen Beschützer aussehen lässt. Er hält seinen Herrn für einen rücksichtslosen Opportunisten, der es wie ein Kredithai auf Leute in den ärmlichsten Verhältnissen abgesehen hat. Doch nirgends sonst in der Geschichte wird dieses Bild bestätigt.[7] Der Herr wird lediglich beschrieben als jemand, »der außer Landes reisen wollte« (Mt

---

[7] Selbst als sein Herr die Formulierung wiederholt, scheint es sich dabei eher um eine theoretische Frage zu handeln, die gedacht war, die mangelnde Folgerichtigkeit in der Argumentation des törichten Haushalters aufzuzeigen, anstatt dessen Darstellung als Tatsache zu bestätigen.

25,14). Auch die beiden treuen Haushalter teilen diese Perspektive nicht. Ihnen wird jeweils gesagt: »Geh ein zur Freude deines Herrn!« (Mt 25,21.23) Deshalb sind Wahrnehmungen gefährlich. Unsere Wahrnehmungen sind überzeugend, auch wenn sie nicht auf der Wahrheit basieren. Je länger wir uns mit diesen falschen Wahrnehmungen beschäftigen, desto größer wird unsere Angst; wir reden uns dann immer mehr ein, dass sie zutreffen. Unsere Wahrnehmungen schüren nicht nur unsere Ängste, sondern umgekehrt scheinen unsere Ängste auch unsere Wahrnehmungen zu formen und zu prägen. Sie verstärken unsere Überzeugung, dass sie wahr sind. Doch wir dürfen nicht vergessen, dass es sich einfach nur um unsere Wahrnehmungen handelt.

Der törichte Haushalter zog den falschen Schluss, dass, wenn sein Herr von Menschen etwas forderte, die ihm nichts schuldeten, er sicherlich auch eine überzogene Erwartung an ihn als Haushalter stellen würde. Die Reihenfolge ist im Gleichnis folgendermaßen: *Eine falsche Wahrnehmung verursachte eine lähmende Angst, die schließlich dazu führte, dass verantwortliches Handeln aufgeschoben wurde.* Aus diesem Grund kann man das Aufschiebe-Problem nicht einfach mit Werkzeugen des Time-Managements lösen. Unter der Oberfläche deiner Tendenz, Dinge aufzuschieben, lauert entweder Angst vor Umständen oder vor einer bestimmten Person.[8] Diese Angst

---

[8] Der törichte Haushalter fürchtete sich. Furcht bzw. Angst ist oft der

steuert dann unsere Entscheidung, das auf morgen zu verschieben, was wir heute hätten tun können.

Franklin D. Roosevelt wurde Präsident der Vereinigten Staaten, als sein Land sich inmitten der großen Depression befand. In der Rede zu seinem Amtsantritt machte er einen seiner Aussprüche, für die er berühmt wurde: »Lassen Sie mich meinen festen Glauben beteuern, dass die einzige Sache, die wir zu fürchten haben […] die Furcht selbst ist«. Anschließend definierte er Furcht als »den namenlosen, vernunftlosen, ungerechtfertigten Schrecken, der lähmt«. Es ist eine wenig bekannte Tatsache, dass F. D. Roosevelt seinen Amtseid mittels einer Familienbibel leistete, die im Jahre 1686 veröffentlicht worden war – die älteste Bibel, die jemals bei einer Amtseinführungszeremonie verwendet wurde. Roosevelt bat darum, dass man darin 1. Korinther 13 aufschlage.[9] Dort lesen wir:

> Die Liebe ist langmütig und gütig, die Liebe beneidet nicht, die Liebe prahlt nicht, sie bläht

---

Grund dafür, warum wir schwierige Aufgaben auf die lange Bank schieben. Vielleicht haben wir Versagensangst oder fürchten uns davor, was andere über uns denken könnten. Der Übeltäter »Furcht« agiert im Geheimen, weil wir die Angst selten anderen eingestehen oder erst, wenn es zu spät ist. Es wäre demnach viel besser, wenn wir uns unsere Ängste eingestehen, frühzeitig Hilfe in Anspruch nehmen und im Glauben wandeln würden.

[9] https://de.wikipedia.org/wiki/
Erste_Amtseinführung_von_Franklin_D._Roosevelt

sich nicht auf; sie ist nicht unanständig, sie sucht nicht das Ihre, sie lässt sich nicht erbittern, sie rechnet das Böse nicht zu; sie freut sich nicht an der Ungerechtigkeit, sie freut sich aber an der Wahrheit; sie erträgt alles, sie glaubt alles, sie hofft alles, sie erduldet alles. Die Liebe hört niemals auf. Aber seien es Weissagungen, sie werden weggetan werden; seien es Sprachen, sie werden aufhören; sei es Erkenntnis, sie wird weggetan werden. (1Kor 13,4–8)

Wenngleich er sich in seiner Rede nicht auf diese Wahrheit bezog, hatte Roosevelt doch seine Hand auf Gottes Lösung dafür gelegt, wie man lähmende Angst überwinden kann. Die Bibel lehrt, dass vollkommene Liebe die Furcht austreibt (1Joh 4,18a). Gottes Liebe ist vollkommene Liebe (1Joh 4,7–9).

STOLZ:
DER VERMESSENE OPTIMIST

Mein Zahnarzt hatte mich gewarnt, doch ich hatte nicht auf ihn gehört. »Eine provisorische Zahnkrone«, sagte er, »ist nur provisorisch. Machen Sie einen weiteren Termin. Wir sehen uns dann in ungefähr 30 Tagen wieder. Bis dahin wird Ihre richtige Krone fertig sein und der Wurzelkanal ist geschützt.« Ich vereinbarte den Termin. Doch aufgrund eines heftigen Unwetters blieb die Zahnarztpraxis an jenem Tag geschlossen. Die Sprechstundenhilfe rief mich an und hinterließ mehrere Nachrichten, doch wenn man schon einmal im Aufschiebemodus ist, fällt es einem ziemlich leicht, seinen Zahnarzt nicht zurückzurufen. Das Leben füllte sich mit diversen Dringlichkeiten, sodass ich seine Warnung ganz vergaß. Monate vergingen – 18 Monate, um genau zu sein. Als ich mir schließlich einen neuen Termin geben ließ, musste ich mir die schlechte Nachricht anhören. »Eine provisorische Krone kann den Zahn nicht so vor Verfall schützen, wie eine permanente es kann. Der Zerfall hat eingesetzt und der Zustand hat sich verschlechtert. Ich werde mein Bestes tun, die permanente Krone aufzusetzen, doch letzten Endes muss der Zahn irgendwann gezogen werden.« Ich muss wohl etwas verwirrt dreingeschaut haben, denn er fügte noch hinzu: »Der Grund, warum Sie die Auswirkungen des Zahnverfalls nicht gespürt haben, ist, dass wir bei der Wurzelbehandlung den Nerv entfernt hatten.« Obwohl sich mein Zahnarzt mitleidig zeigte, war es nicht seine Schuld. Meine Tendenz, Dinge auf die lange Bank zu schieben, machte mich verantwortlich. Ich hätte es besser wissen sollen.

Der amerikanische Investor und Autor von *Rich Dad, Poor Dad: Was die Reichen ihren Kindern über Geld beibringen*, Robert Kiyosaki, erinnert uns: »Ihre Zukunft wird durch das bestimmt, was Sie heute – nicht morgen – tun.«[10] Der Aufschieber lässt sich von dem Glauben einlullen, dass sich morgen eine bessere Gelegenheit bietet als heute. Wenn dann der morgige Tag da ist, ist es umso leichter, den darauffolgenden Tag abzuwarten. Wenn wir darauf setzen, dass morgen eine bessere Gelegenheit kommt als heute, zeigen wir dadurch unsere Vermessenheit. Benjamin Franklin sagte: »Arbeite, solange es noch heute ist, denn du weißt nicht, wie sehr du morgen davon abgehalten werden wirst. Ein Heute ist so viel wert wie zwei Morgen; hebe dir das, was du heute tun kannst, nie für morgen auf.«[11]

Das Morgen wird selten dieselben Gelegenheiten bieten wie das Heute. Jesus weist darauf hin, dass der morgige Tag seine eigenen Probleme mit sich bringt (Mt 6,34). Die Lektion, die ich an jenem Tag

---

[10] http://www.inspirational-quotes-and-quotations.com/quotes-by-robert-kiyosaki.html

[11] http://thinkexist.com/quotations/work_while_it_is_called_today-or_you_know_not/146135.html

auf dem Zahnarztstuhl lernte, war folgende: *Ich hatte mich zwar entschlossen zu warten, aber der Zahnverfall nicht.* Er begann mit seiner stillen Wirkung in dem Moment, als ich die Praxis 18 Monate zuvor verlassen hatte. Was auf den Zahnarztstuhl zutrifft, trifft auch auf deine Ehe, Gemeinde und dein sonstiges Umfeld zu. Du verlegst dich aufs Warten, doch der Zerfall setzt augenblicklich ein. Wenn du etwas auf die lange Bank schiebst, spürst du die Folgen dieses Aufschubs nicht sofort. Es gleicht einem abgestorbenen Nerv in deinem Zahn. Der Student, der die eine oder andere Hausaufgabe nicht einreicht, merkt die Konsequenzen erst, wenn er die Mitsemesternoten bekommt. Der dumpfe Schmerz in der Brust eines Mannes mittleren Alters lässt ihn erst dann zum Arzt gehen, wenn der Herzinfarkt schon eingetreten ist. Die Folgen von mehrfachem Nachschlag beim Dessert machen sich nicht am nächsten Morgen, sondern erst im nächsten Monat bemerkbar.

Dieser allmähliche Zerfall beeinträchtigt auch unsere Beziehungen. Jesus sagte: »Wenn aber dein Bruder an dir gesündigt hat, so geh hin und weise ihn zurecht unter vier Augen. Hört er auf dich, so hast du deinen Bruder gewonnen« (Mt 18,15). Jesus verwendete für das Verb »gehen« die Gegenwartsform – nicht die Zukunftsform. Er meint damit: »Geh sofort! Schieb's nicht auf! Es besteht die Möglichkeit, deinen Bruder zu gewinnen, doch die

Chancen darauf vermindern sich drastisch, wenn du noch länger damit wartest«.

Da Kommunikation der erste Grund ist, der für die meisten Ehescheidungen angegeben wird, kann man davon ausgehen, dass Aufschieberitis für mehr zerbrochene Ehen verantwortlich ist als Ehebruch. Der anfängliche Konflikt, ganz egal wie schlimm, kann viel leichter gelöst werden, bevor sich die Bitterkeit festsetzt. Im Epheserbrief finden wir eine ähnliche Warnung: »Die Sonne gehe nicht unter über eurem Zorn! Gebt auch nicht Raum dem Teufel!« (Eph 4,26b–27) Eugene Peterson übersetzt die Stelle: »Gestattet dem Teufel nicht, dass er derart in eurem Leben Fuß fassen kann«.[12] Im Kontext zusammengebrochener Kommunikation gibt das Aufschieben dem Satan eine Gelegenheit, die er andernfalls nicht hätte. Und glaube nicht, dass Satan nicht wüsste, wie er sie ausnutzen kann.

Als meine Großmutter starb, vermachten mir meine Eltern ihre Bibel. Als ich sie aufschlug, fiel ein kleiner Zettel heraus. Ich erkannte die Handschrift meiner Großmutter darauf. Da wir in derselben Straße wohnten wie sie, hatte ich in meiner Kindheit genug von ihren Warnungen zu hören bekommen. Doch diesmal schien es, als gäbe sie mir eine letzte Warnung mit, über ihren Tod hinaus. Auf dem Zettel stand: »Hüte dich vor Flächenbränden.

---

[12] Eugene Peterson, *The Message: The Bible in Contemporary Language* (Colorado Springs, CO: NavPress, 2005), Epheser 4,27.

Jedes Problem, das du auf morgen verschiebst, wird schnell viel größer werden. Kümmere dich heute darum.« Ich wünschte, ich wäre ihrem Rat gefolgt. Doch oft genug habe ich es nicht getan, sodass ich diese Wahrheit aus persönlicher Erfahrung kenne.

Der Gedanke, dass morgen alles besser wird als heute, ist die unterschwellige Lüge des Stolzes. Offen gesagt, weißt du nicht einmal, ob du den morgigen Tag noch erleben wirst, aber das Heute bleibt dir noch. Die Demut krempelt heute die Ärmel hoch und verkneift es sich, über den morgigen Tag Vermutungen anzustellen. Jakobus warnte dementsprechend:

> Wohlan nun, die ihr sagt: Heute oder morgen wollen wir in die und die Stadt reisen und dort ein Jahr zubringen, Handel treiben und Gewinn machen – und doch wisst ihr nicht, was morgen sein wird! Denn was ist euer Leben? Es ist doch nur ein Dunst, der eine kleine Zeit sichtbar ist; danach aber verschwindet er. Stattdessen solltet ihr sagen: Wenn der Herr will und wir leben, wollen wir dies oder das tun. Jetzt aber rühmt ihr euch in eurem Übermut! Jedes derartige Rühmen ist böse. (Jak 4,13–16)

Dieser Abschnitt scheint zwar einen vermessenen Geschäftsmann zu beschreiben, aber versuch einmal, ihn auf unser Thema anzuwenden. Sowohl der selbstsichere Geschäftsmann als auch der zögernde Aufschieber haben Folgendes gemeinsam: Sie verlassen sich darauf, dass sie den nächsten Tag zur Verfügung haben werden. Obwohl es im Fall des Aufschiebers vielleicht etwas unterschwelliger ist, zeugt dieser Gedanke auf jeden Fall von Vermessenheit. Er hat weniger ein Zeitproblem als ein »Stolzproblem«. Solange er sich nicht hinsichtlich seines vermessenen Optimismus demütigt, wird er weiterhin auf morgen verschieben, was er heute hätte erledigen können. Doch in Wahrheit wissen wir nicht, was der morgige Tag bringen wird. Deshalb sollten wir demütig ins Morgen investieren, indem wir heute fleißig sind.

Der vermessene Optimist meint, heute und morgen seien gleich

Heute *oder* morgen. Es ist zwar ein kleines Detail, aber es sagt viel über den Gedankengang desjenigen aus, der im Begriff steht, etwas aufzuschieben. Er sagt nicht »heute *und* morgen« – was bedeuten würde, dass er beide Tage braucht, um die Aufgabe zu erledigen. Er sagt auch nicht »heute *anstatt* von morgen« – was bedeuten würde, dass er glaubt, die ganze Aufgabe könnte heute erledigt werden. Er sagt »heute *oder* morgen«, was bedeutet, dass er beide Tage als legitime Möglichkeiten betrachtet. Man könnte genauso gut das Wort »oder« aus dem

Satz entfernen und mit einem Gleichheitszeichen ersetzen. Der Aufschieber meint, heute und morgen seien gleich und betrachtet sie als gleichwertig, obwohl sie es nicht sind. Die Warnung des Jakobus lautet im Grunde: *Du weißt, dass dir der heutige Tag zur Verfügung steht, wobei du dir über den morgigen nicht so sicher sein solltest.* Gott allein kennt die Zukunft mit Gewissheit. Im Buch Jeremia lesen wir: »Denn ich weiß, was für Gedanken ich über euch habe, spricht der Herr« (Jer 29,11). Wir können planen. Wir können mutmaßen. Wir können uns Dinge vorstellen. Aber nur Gott *weiß* es mit Bestimmtheit.

Wenn du wüsstest, dass dir auf dieser Erde nur noch eine Woche bliebe, würdest du sie dann anders verbringen, als du sie ursprünglich geplant hattest? Welche Dinge hast du auf die lange Bank geschoben, die du in diesem Fall angehen würdest? Vielleicht eine zerbrochene Beziehung, ein nicht eingelöstes Versprechen oder eine Verpflichtung, die du zwar eingegangen bist, bis jetzt aber noch nicht erfüllt hast? Eines der wichtigsten Dinge, das ein chronischer Aufschieber tun kann, ist das Leben so zu leben, als gäbe es kein Morgen. Das bedeutet nicht, dass man versucht, mehr in einen 24-Stunden Tag hineinzuquetschen. Es bedeutet vielmehr, dass man nicht länger davon ausgeht, dass man den morgigen Tag zur Verfügung hat, wenn das vielleicht gar nicht stimmt. Am Ende des Tages dankt man Gott demütig für den Tag, der einem geschenkt wurde, und vertraut Gott im Gebet den morgigen Tag an.

Man geht nicht einfach davon aus, dass dieser Tag auf jeden Fall kommen wird.

Der vermessene Optimist rechnet mit mehr Zeit, als er eigentlich hat

Beachte, dass der vermessene Optimist plant, sich »ein Jahr« (Jak 4,13) an seinem Reiseziel aufzuhalten, wenn er es endlich erreicht. Er plant, während dieses Jahres »Gewinn [zu] machen«. Zunächst ging er davon aus, dass *heute* und *morgen* dasselbe sind. Nun spekuliert er darauf, dass auch die nächsten 365 Tage die gleichen Gelegenheiten bieten. Es gibt ein altes englisches Sprichwort, das besagt: »Was zu jedem Zeitpunkt getan werden kann, wird nie getan«. Jakobus erinnert die vermessene Person daran, dass ihr Leben wie ein Dunst ist. Er wird sich viel schneller auflösen, als man erwartet. Es handelt sich hierbei um sein sehr bezeichnendes Bild, womit der stolze Aufschieber beschrieben wird. Er wird stets davon ausgehen, dass er mehr Zeit zur Verfügung hat, als er in Wirklichkeit hat. Aber Projekte sind oft zeitaufwändiger als erwartet (Lk 14,28). Zerbrochene Beziehungen lassen sich nicht über Nacht wiederherstellen (Gal 6,9). Die Schrift sagt, dass unser Leben »nur ein Dunst ist, der eine kleine Zeit sichtbar ist« (Jak 4,14). Das Leben gleicht einem Dunst – heute ist es hier und morgen schon vergangen.

Immer wenn ich als Kind krank wurde, holte meine Mutter ein Verdampfungsgerät aus dem Schrank, füllte es mit Wasser und stellte es neben mein Bett. Ich erinnere mich noch genau an den eigenen Geruch, den der Dampf hatte, der neben meinem Kissen emporstieg, meinen Husten linderte und meine Atemwege befreite. Solange das Gerät eingeschaltet war, sah man den Dampf, aber sobald es ausgeschaltet wurde, verflog der Dampf wieder. Natürlich schwebte er noch einen kurzen Augenblick in der Luft, aber dann verflüchtigte er sich und verschwand im Nichts, so als ob er nie existiert hätte. Als Freunde von mir begannen, ihre Musik zu veröffentlichen, dachten sie darüber nach, sich »The Vapors« (»Die Dünste«) zu nennen. Es war dieser Abschnitt im Jakobusbrief, der sie auf diese Idee brachte. Sie sagten oft und gerne: »Wir wollen aus unserem Dunst einfach nur das Beste machen«. Die Ehefrau erlag noch vor ihrem 40. Geburtstag dem Lungenkrebs, doch sie hinterließ ein Vermächtnis von Liedern, die sie gesungen und aufgenommen hatte. Weil sie und ihr Ehemann den Wunsch hatten, »das Beste aus ihrem Dunst zu machen«, werden wir heute noch von ihrer Kreativität und lieblichen Stimme beflügelt, obwohl sie nicht mehr unter uns ist. Sie hätte den Wunsch, jene Texte und Melodien zu schreiben, bis zu einem geeigneteren Zeitpunkt aufschieben können, doch stattdessen betrachtete sie ihr Leben als Dunst. Wer es lernt, seine »Tage zu zählen«, wird nicht so leben, als hätte er mehr Zeit. Er wird lernen, die Zeit als kurz zu betrachten und sich bemühen, wie ein guter Haushalter mit ihr umzugehen.

Der Haushalter lebt im täglichen Bewusstsein der Realität, dass sein Leben nicht ihm gehört. Sowohl der Geschäftsmann in dem Jakobusabschnitt als auch die Person, die die Dinge auf die lange Bank schiebt, vergessen diese Wahrheit. Der Geschäftsmann zieht für seine Zukunftspläne nicht Gott zurate und der Aufschieber fragt nicht Gott, ehe er die Pläne von heute auf morgen verschiebt. Beide haben aus den Augen verloren, dass sie eigentlich Haushalter sind. Gott wird erst vom Aufschieber um Hilfe gebeten, wenn dieser in Panik gerät. Erst dann wendet er sich an Gott, weil er merkt, dass er es in der verbleibenden Zeit nicht mehr schaffen kann. Es ist bemerkenswert, dass sich die meisten Probleme von selbst lösen würden, wenn der Aufschieber seine Zeit so sehen würde, als ob er nur ihr Haushalter und nicht ihr Besitzer wäre. Er würde dann Gott um Erlaubnis bitten, ehe er eine Aufgabe auf den nächsten Tag verschiebt. Er würde sich der Leitung des Geistes durch die Heilige Schrift unterordnen. Er würde dem Vorbild Jesu folgen, der seine Angelegenheiten rechtzeitig erledigte.[13] Aus

---

[13] Wenn wir einmal die vier Evangelien aus der Vogelperspektive betrachten, sehen wir, dass Jesus verstanden hat, dass die Zeit kurz ist. Ein Beispiel: Auf die insgesamt drei Verkündigungsreisen

diesem Grund nenne ich den Aufschieber einen
»vermessenen Optimisten«. Er nimmt seine Verantwortung, ein Haushalter seiner Zeit zu sein, auf
die leichte Schulter. Er geht davon aus, dass sie ihm
gehört. Er sucht weder von anderen noch von Gott
Rat, wie er seine Zeit verbringen soll. Er verbringt
die Zeit von heute nach seinem Gutdünken, und
verschiebt die unerledigten Aufgaben auf morgen.
Seine Einstellung muss sich ändern, sonst wird sich
seine Angewohnheit, die Dinge auf die lange Bank
zu schieben, niemals ändern.

---

in die ländliche Gegend von Galiläa begibt er sich zunächst allein (Lk 4,14), dann beruft er die zwölf Jünger und nimmt sie mit (Lk 6,12–19), um sie schließlich jeweils in Zweiergruppen ins galiläische Umland zu senden, sodass sie seinen Verkündigungs- und Heilungsdienst versechsfachten (Lk 9,1–6). Als sich seine Zeit in Galiläa dem Ende zuneigte, spürt man zunehmend das dringliche Anliegen, das Jesus hatte, die Botschaft weiterzugeben. Als er die galiläischen Dörfer verließ, begann Jesus damit, seine Jünger im engsten Kreis zu unterweisen (Mt 16,13), um sie auf seinen unmittelbar bevorstehenden Tod, seine Auferstehung und Himmelfahrt vorzubereiten. Lukas fängt diesen Fokus mit der Formulierung ein, dass »er sein Angesicht [entschlossen] nach Jerusalem richtete« (Lk 9,51; 13,22). Was den Dienst von Jesus so faszinierend macht, ist, dass er nie in Eile zu sein scheint, wenn er sich mit jemandem unterhält, und dennoch erreicht er so viel in weniger als vier Jahren Dienst in der Öffentlichkeit und im engsten Kreis. Er schiebt nichts auf die lange Bank.

FAULHEIT:
DER STURE BEFÄHIGER

Ein Faultier in freier Wildbahn kann 15–18 Stunden am Tag schlafen. Das entspricht in etwa dem Schlafpensum einer Hauskatze. Die meisten Leute, die ich kenne und die an chronischer Aufschieberitis leiden, mögen es nicht, wenn man sie mit einem Faultier vergleicht. Vielleicht arbeiten sie 15–18 Stunden am Tag und würden nie in Erwägung ziehen, so lange zu schlafen (selbst wenn sie es wollten). Sie rühmen sich ihrer Überstunden im Büro, ihres Urlaubsverzichts, ihres frühen Aufstehens und späten Ins-Bett-Gehens. Doch die Bibel weist uns nicht nur an, Faulheit zu vermeiden (Röm 12,11), sondern sie warnt uns auch davor, nicht zu viel auf uns selbst zu geben (Röm 12,16). Mit anderen Worten, wir neigen alle dazu, faul zu sein – unsere Faulheit versteckt sich nur dort, wo wir es am wenigsten erwarten. Dem tüchtigen Angestellten mag es schwerfallen, den gleichen Einsatz für seine Familie zu zeigen. Ein Vater mag es so lange hinauszögern, mühevoll in die Beziehung mit seinem Sohn zu investieren und ein Interesse an seinen Hobbies zu zeigen, bis es zu spät ist. Eine Frau mag Stunden darauf verwenden, anderen Frauen zu dienen, und es gleichzeitig als lästig empfinden, sich mit ihrem Mann zu unterhalten. Unser Stolz redet uns ein, dass wir fleißig sind, obwohl wir in Wirklichkeit nur fleißig sind in den Dingen, die uns leichtfallen und die wir gerne tun.

Während das Faultier unsere Versuchung, Dinge aufzuschieben, veranschaulicht, stellt uns die Bibel ein anderes Tier vor Augen, das wir betrachten sollten, um unsere faule Haltung zu überwinden: die Ameise. Im Gegensatz zum Faultier schläft die Ameise weniger als fünf Stunden am Tag. Debby Cassill und ihr Kollegenteam von der *University of South Florida* in St. Petersburg hat dies vor kurzem bestätigt.

> Die Arbeiter[ameisen] schliefen in unregelmäßigen Zeitabständen ein und wechselten sich dabei untereinander ab. Doch die schiere Anzahl der unglaublich kurzen Nickerchen, die sie machten, war auffällig. Eine einzige Arbeiterameise machte 250 Nickerchen am Tag, wobei jedes davon knapp über eine Minute dauerte. Das entspricht vier Stunden und 48 Minuten Schlaf am Tag.[14]

Aber es ist nicht nur die Arbeitsmoral der Ameise, die Gott uns zum Vorbild gibt. Es ist zudem ihre instinktive Neigung, ihre Arbeit im Voraus zu tun. Sie bereitet sich monatelang auf den Zeitpunkt des eigentlichen Bedarfs vor und sie sammelt ihre Nah-

---

[14] http://news.bbc.co.uk/earth/hi/earth_news/newsid_8100000/8100876.stm

rung, während sie noch Zeit übrighat. Gott lobt die Ameise dafür, dass sie die Dinge nicht aufschiebt – sie bereitet sich vor. Lies den Abschnitt in Sprüche einmal aufmerksam durch:

> Geh hin zur Ameise, du Fauler, sieh ihre Wege an und werde weise: Obwohl sie keinen Anführer hat, weder Vorsteher noch Herrscher, *bereitet* sie dennoch im Sommer ihr Brot und *sammelt* in der Erntezeit ihre Speise. Wie lange willst du liegen bleiben, du Fauler? Wann willst du aufstehen von deinem Schlaf? (Spr 6,6–9; Betonung hinzugefügt)

Wir werden aufgefordert, uns die *Wege* der Ameise anzusehen. Das Wort *Wege* wird manchmal verwendet, um einen Pfad, eine Straße oder eine Reiseroute zu beschreiben. Es kann aber auch eine *Lebensweise* bezeichnen.[15] Gott möchte, dass wir uns die Reise der Ameise anschauen. Sie verzichtet auf Schlaf, weil sie sich auf die Zukunft vorbereitet. Sie *wartet* nicht auf morgen; sie *bereitet sich* vielmehr darauf *vor*.[16]

---

[15] W. E. Vine, *Vine's Expository Dictionary of New Testament Words* (McLean, VA: MacDonald Publishing, 1989), S. 284.

[16] Schau dir das Leben Jesu in diesem Zusammenhang an. Als er den Jüngern sagte, dass er sie bald verlassen würde, versprach er, dass er ihnen eine Wohnung zubereiten würde (Joh 14,2), ehe er wiederkommt. Seit zwei Jahrtausenden warten Christen nun auf seine Wiederkunft und schöpfen immer noch Trost aus der Wahrheit, dass Jesus uns zwar hier auf der Erde zurückgelassen hat, aber die Zeit

Für den chronischen Aufschieber ist es hilfreich, das Augenmerk auf Vorbereitung zu legen. Selbst fleißige Leute können mitunter einen Anflug von Faulheit erleben, wenn etwas getan werden muss, was sie nicht gerne tun. Wir sind schnell dabei, es auf unsere Umstände zu schieben, und dabei missbrauchen wir die Zeit, die Gott uns geschenkt hat – wie beispielsweise ein Student, der versucht, seine Semesterarbeit im letzten Moment auszudrucken, nur um dann die berüchtigte Computerpanne zu erleben. Er schiebt es dann auf die Hardware, doch wenn er das Projekt früher begonnen (und auch beendet) hätte, hätte er genügend Zeit gehabt, sich um die technische Störung zu kümmern. Wir können von der Ameise nicht nur lernen, wie man eine gute Arbeitsmoral entwickelt, sondern auch, wie man vorausplanen kann.

Bei chronischen Aufschiebern zeigt sich die Tendenz zur Faulheit meistens dann, wenn es sonst keinen Zeitdruck zu geben scheint. Die meisten Aufschieber verfügen über die richtige Arbeitsmotivation, wenn sie kurzfristige Zeitlimits am Ende des Abreitstages oder einer Arbeitswoche überblicken können. Doch sie tun sich schwer damit, wenn der Zeitrahmen so weit im Voraus gesteckt wird, dass er ihnen unbestimmt vorkommt, wie beispielsweise das Ende eines Semesters oder der Ruhestand. In solchen Fällen neigt der Aufschieber

---

nutzt, um unterdessen eine Wohnung für uns vorzubereiten.

in der Regel dazu, ein kurzfristiges Vergnügen dem langfristigen Plan vorzuziehen. Er wird den Rat der Ameise in den Wind schlagen, die ihre Nahrung im Sommer (als noch genügend Zeit ist) vorbereitet, und er wird unvorbereitet sein, wenn der Winter kommt. Weil Ameisen Kaltblüter sind, erleben sie eine Art Winterstarre, bei der sie nur wenige Zentimeter unter der Erdoberfläche sind. Es gibt allerdings eine Ameisenart, die unter dem Namen *Messor Aciculatus* bekannt ist und sogar Pflanzensamen in ihr Nest transportiert, um sie dort aufzubewahren. Im Winter ernährt sie sich dann von den angesammelten Samen. Ohne ihr Vorausplanen würde das ganze Volk verhungern und im nächsten Frühling nicht mehr existieren.

Joseph, eine Person aus dem Alten Testament, zeigt uns drei einfache Schritte zur Überwindung der Zeitmanagementprobleme, mit denen sich Menschen herumschlagen, die die Tendenz haben, Dinge ständig aufzuschieben. Joseph war unter großen Herausforderungen aufgewachsen. Er wurde von seinen eigenen Brüdern als Sklave verkauft (1Mo 37,28), kurz darauf falsch beschuldigt und ins Gefängnis geworfen (1Mo 39,6–23). Nachdem er die Träume zweier Mitgefangener richtig gedeutet hatte, wurde er von einem der beiden zwei weitere Jahre vergessen (1Mo 41,1–14). Zu jenem Zeitpunkt hatte Pharao, der König von Ägypten, einen beunruhigenden Traum und Joseph wurde aus dem Gefängnis geholt, um diesen zu deuten. Joseph deutete nicht nur den Traum richtig, sondern stellte darüber hinaus einen Vorbereitungsplan vor, der ihn als jemanden auszeichnete, in dem der Geist Gottes wohnte (1Mo 41,38). Beachte Josephs Worte:

> Darum sagte ich zu dem Pharao: Gott hat den Pharao sehen lassen, was er tun will. Siehe, es kommen sieben Jahre, da wird großer Überfluss herrschen im ganzen Land Ägypten. Aber nach ihnen werden sieben Hungerjahre eintreten, und all dieser Überfluss wird vergessen sein im Land Ägypten; und die Hungersnot wird das Land aufzehren, sodass man nichts mehr merken wird von dem Überfluss im Land wegen der Hungersnot, die danach kommt; denn sie wird sehr drückend sein. Dass aber der Pharao den Traum zweimal hatte, das bedeutet, dass die Sache bei Gott fest beschlossen ist und dass Gott es rasch ausführen wird. Und nun möge der Pharao nach einem verständigen und weisen Mann sehen und ihn über das Land Ägypten setzen. (1Mo 41,28–33)

1. Der Aufschieber muss sich vor Augen halten, dass Gott souverän über die Zeit ist, er selbst aber nicht.

Der Psalmist schreibt: »Ja, von Ewigkeit zu Ewigkeit bist du Gott!« (Ps 90,2b) Gott ist ewig und zeitlich unbegrenzt, während unsere Existenz den spezifischen Beschränkungen des Raum-Zeit-Kontinuums unterworfen ist. Joseph machte Pharao deutlich, dass Gott derjenige war, der die nächsten 14 Jahre in seiner Hand halten würde, »dass die Sache bei Gott fest beschlossen ist« und dass es ein Ausdruck seiner souveränen Gnade war, diese zu offenbaren. Solch eine Aussage muss eine überraschende Wirkung auf Pharao gehabt haben, da sich die meisten ägyptischen Könige selbst als Gottheit ansahen. Doch hier sehen wir, wie der wahrhaftige und lebendige Gott einen selbsternannten Gott (Pharao) darüber in Kenntnis setzte, wie er die nächsten 14 Jahre seine Zeit verbringen sollte. Die meisten von uns meinen, dass wir über unsere Zeit souverän verfügen können, anstatt nur Haushalter derselben zu sein. Sowohl der Obdachlose, der durch die Straßen von New York City streift, als auch der Firmenchef aus Manhattan, der den Obdachlosen im schnellen Schritt überholt – beide glauben, dass sie das Recht haben, ihre Zeit so zu nutzen, wie sie wollen. Wir argumentieren, dass wir – da wir ansonsten nicht viel Kontrolle über die Dinge im Allgemeinen haben – zumindest über unsere Zeit frei verfügen sollten. Doch Joseph hatte die letzten 13 Jahre damit verbracht, zu lernen, was es bedeutet, ein Haushalter zu sein.[17] Er hatte gelernt, dass Gott derjenige ist, der Gelegenheiten schenkt, die man deshalb nicht eigennützig verschwenden sollte. Selbst im düsteren ägyptischen Gefängnis hatte er seine Zeit genutzt, um sich auf andere zu konzentrieren (1Mo 40,7) und Gott die Ehre dafür zu geben (1Mo 40,8). Im Laufe seines bewegten Lebens war er in beiden dieser Bereiche gewachsen, sodass er auf diesen Zeitpunkt vorbereitet war.[18]

---

[17] Vergleiche dazu 1. Mose 37,2 mit 41,46.

[18] Joseph war gewachsen in Bezug auf seine Demut und zeigt auch bemerkenswertes Wachstum angesichts seiner Deutung der Träume des Mundschenks und Bäckers (1Mo 40,1–22). Hinsichtlich des Traums, den er in seiner Jugend hatte (1Mo 37,5–11), erwähnt er Gott nicht und es scheint ihm auch an Demut zu fehlen, als er den Traum mit anderen teilt.

2. Der Aufschieber muss Zeit als Gelegenheit ansehen, um sich auf die Zukunft vorzubereiten, anstatt sich einfach im Vergnügen von heute zu verlieren.

Gott würde zwar sieben Jahre Hungersnot senden, doch nicht ohne zuvor sieben Jahre Überfluss zu senden. Genau wie die Ameise in den Sprüchen betrachtete Joseph die sieben Jahre des Überflusses als Vorbereitungszeit. Denk daran: Der chronische Aufschieber zieht in der Regel kurzfristiges Vergnügen langfristiger Planung vor. Er sieht die sieben Jahre des Überflusses nicht als Gelegenheit zur Vorbereitung, sondern als Gelegenheit zu essen, zu trinken und fröhlich zu sein. Dies veranlasste Victor Kiam, den Firmenchef von Remington, zu folgender Aussage: »Aufschieben ist der natürliche Mörder der Gelegenheit.«[19] Ein Student verbringt den Anfang des Semesters mit Computerspielen, Partys oder TV-Shows, anstatt mit den Arbeiten anzufangen, die am Ende des Semesters fällig werden. Ein Vater schiebt es auf, dem Fußballspiel seiner achtjährigen Tochter beizuwohnen, weil er glaubt, sich später noch genügend ihrer Spiele anschauen zu können. Der Grenzdiabetiker verweigert eine Ernährungsumstellung, bis sein Zustand akut ist. Solange wir glauben, dass wir genug Zeit haben, neigen wir

---

[19] http://thinkexist.com/quotation/
procrastination_is_opportunity-s_natural_assassin/259965.html

dazu, das wirklich Wichtige auf die lange Bank zu schieben. Hierin liegt die Vermessenheit des Optimismus, der vom chronischen Aufschieber an den Tag gelegt wird: Es zeugt von Stolz, wenn man glaubt, dass der morgige Tag dieselbe Gelegenheit wie heute bieten würde. Es ist vermessen, auf eine Zukunft zu spekulieren, die nur Gott in seiner Weisheit kennt (Jak 4,13–17). Die ersten Tage eines Semesters nutzt man z. B. am besten dazu, um den Abschluss desselben Semesters zu planen. Doch das Semesterende scheint noch so weit entfernt zu sein und außerdem winkt das Wochenende! So schiebt der Student seine Aufgaben vor sich her. Der Vater geht davon aus, dass seine Tochter später noch genauso von seinem Interesse an ihren Spielen begeistert sein wird, wie sie das als Achtjährige ist. Der Student und der Vater haben etwas gemeinsam: Sie betrachten Zeit nicht als Gelegenheit, um sich auf die Zukunft vorzubereiten. Der Versuchung, Dinge aufzuschieben, erliegt man leicht, wenn man ausreichend Zeit zur Verfügung zu haben meint. Erst später, wenn uns die Zeit davongelaufen ist, empfinden wir die Dringlichkeit und bemühen uns, die verlorene Zeit wieder wettzumachen.

3. Der Aufschieber muss einen sinnvollen Plan machen, um die verbleibende Zeit effektiv zu nutzen.

Joseph wurde der Vize-Regent des Landes, weil er der einzige war, der einen Plan hatte. Sein Plan war einfach: sich auf die Zukunft vorbereiten. Er war gerade einmal 24 Stunden auf freiem Fuß und trotzdem sprach er mit dem König von Ägypten mit großer Klarheit und Zuversicht.

> Der Pharao möge handeln und Aufseher über das Land setzen; und er lasse in den sieben Jahren des Überflusses den fünften Teil [des Ertrages] erheben vom Land Ägypten. So soll man alle Nahrung dieser sieben künftigen guten Jahre sammeln und Getreide speichern zur Verfügung des Pharao, und diese Nahrung in den Städten aufbewahren. Und diese Nahrung soll dem Land als Vorrat dienen für die sieben Hungerjahre, die im Land Ägypten eintreten werden, damit das Land durch die Hungersnot nicht zugrunde geht! (1Mo 41,34–36)

Die sieben Jahre waren so üppig, dass, wenn irgendein anderer Ägypter das für sich umgesetzt hätte, was Joseph dem Pharao empfohlen hatte – nämlich für die bevorstehenden Jahre der Hungernot vorzusorgen –, er und seine Familie keine Probleme gehabt hätten. Doch die Ägypter nutzten die Jahre im Überfluss nicht, um sich auf die Jahre der Hungersnot vorzubereiten. Ohne einen Plan und ohne dessen frühe Umsetzung waren sie unvorbereitet auf den Augenblick, als härtere Zeiten anbrachen. Letztendlich waren sie vollends vom Wohlwollen des Pharao abhängig und wurden zu seinen Sklaven (1Mo 47,25). Näher an der Realität kann ein Bild gar nicht sein. Wenn du mit deiner Aufgabe vor der Ablauffrist beginnst, hast du die Freiheit, deine Zeit selbst einzuteilen. Doch wenn du diese Zeit verschwendest, während die Frist immer näherkommt, dann hast du nicht nur weniger Zeit, sondern auch weniger Freiheit. Deine Freiheit zu entscheiden, wie du deine Zeit verbringst, wird immer mehr eingeschränkt. Chronische Aufschieber leben nach dem Motto: »Nichts auf der Welt ist so dringend, dass es morgen nicht noch dringender sein könnte.« Mit zunehmender Dringlichkeit reduziert sich die Entscheidungsfreiheit.

4. Der Aufschieber muss begreifen, dass seine mangelnde Vorbereitung unvermeidbare Folgen haben wird.

In seinem abschließenden Appell an den Pharao sagt Joseph: »Dass aber der Pharao den Traum zweimal hatte, das bedeutet, dass die Sache bei Gott fest beschlossen ist und dass Gott es rasch ausführen wird« (1Mo 41,32). Mit anderen Worten, die Hungersnot würde so oder so kommen, ganz egal, ob Pharao sich darauf vorbereiten würde oder nicht. Daran war nichts mehr zu ändern. Sie war nicht aufzuhalten. Die meisten chronischen Aufschieber glauben törichterweise, dass sie die Konsequenzen, die sich daraus ergeben, dass sie nicht vorgesorgt haben, irgendwie vermeiden können. Sie reden sich ein, dass sie die Ausnahme sind, doch trauriger Weise sind sie das nicht. Auch für sie kommt der Moment der Abrechnung – ob sie bereit sind oder nicht.

Eine meiner Lieblingsgeschichten als Kind war Aesops Fabel von der Heuschrecke und der Ameise. Mit der Hingabe, die bereits im Buch der Sprüche beschrieben wurde, arbeitete die Ameise fleißig den ganzen Sommer hindurch, um sich auf den Winter vorzubereiten. Die Heuschrecke hingegen hüpfte, tanzte, sang und spielte auf ihrer Fiedel. Sie verplemperte so den ganzen Sommer. Als unvermeidliche Folge brach der Winter herein, auf den die Ameise vorbereitet war, die Heuschrecke aber nicht. Jede Gelegenheit zur Ernte war mittlerweile verstrichen; der Boden war gefroren und mit Schnee bedeckt. Die Ameise sagte der Heuschrecke, sie solle doch »auf dem Schnee tanzen«. Es erübrigt sich zu sagen, dass dieser Tanz nur von kurzer Dauer war.

Ich habe schon einige Aufschieber kennengelernt, die sehr beschäftigt waren. Auf den ersten Blick scheinen sie alles andere als faul zu sein. Doch wenn man alles stets auf den letzten Drücker tut, dann ist man nicht fleißig, was die Vorbereitung anbelangt. Man ist faul im Planen. Lerne die Lektion von der Ameise, damit es dir nicht so wie der Heuschrecke ergeht.

TEIL 2:
TU, WAS JESUS TAT

Falls es jemals einen Zeitpunkt gegeben hat, wo Jesus von der Art von Furcht ergriffen wurde, die Aufschieber empfinden, dann muss es wohl kurz vor seiner Kreuzigung gewesen sein. Die Schrift lehrt, dass der bloße Gedanke, am Kreuz zu hängen und dem Zorn des Vaters ausgesetzt zu sein, Jesus mit großem Schrecken erfüllte (Joh 12,27). Doch in Bezug auf seine Kreuzigung berichtet Lukas: »Es geschah aber, als sich die Tage seiner Wiederaufnahme [in den Himmel] erfüllten und er sein Angesicht [entschlossen] nach Jerusalem richtete, um dorthin zu reisen« (Lk 9,51). Sein Dienst in Galiläa hatte sehr viel Frucht bewirkt. Viele bewunderten ihn noch immer. Seine Gegner, die religiösen Führer, hatten Jerusalem unter ihrer Kontrolle und trachteten ihm nach dem Leben. Mit einer Rückkehr nach Jerusalem zu jenem Zeitpunkt in seinem Dienst verfolgte er nur einen Zweck: das Kreuz und die Errettung der Menschheit (Joh 12,32). Nichtsdestotrotz, mit einer Entschlossenheit, die an einen Soldaten erinnert, *richtete er sein Angesicht nach Jerusalem*. Er schob die schweren Dinge nicht auf. Er ließ nicht zu, dass die Furcht einen Keil zwischen ihn und den Willen Gottes trieb. Robert Stein schreibt in seinem Kommentar: »Im Wissen um den göttlichen Plan, ‚richtete Jesus sein Angesicht nach Jerusalem, um dorthin zu reisen' (so wörtlich), um Gottes Absicht für sein Leben zu erfüllen. Er war entschlossen, dem Plan Gottes zu folgen und setzte absichtlich die Ereignisse in Gang, die letztendlich zur Ausführung dieses Plans führten.«[20] John Piper erinnert uns daran, dass das Sich-Zuwenden Jerusalems ein Sich-Abwenden von bestimmten Wünschen und Verlangen bedeutete:

> Vergessen Sie nicht, wenn Sie über Jesu Entschluss zu sterben, nachdenken, dass er dieselbe Natur hatte wie wir. Genau wie wir schreckte er vor Schmerz zurück. Er hätte vermutlich eine Ehe sowie Kinder und Enkel und ein langes in seinem Umfeld angesehenes Leben genossen. Er hatte eine Mutter und Brüder und Schwestern. Er hatte Lieblingsorte in den Bergen. Sich von all dem abzuwenden und sein Angesicht auf grausame Geißelung, Folter, Anspucken, Hohn und Kreuzigung zu richten, war nicht leicht. Es war schwer.«[21]

Das Kreuz war so eine Angelegenheit, die einen schwächeren Menschen dazu gebracht hätte, die

---

[20] R. H. Stein, *Vol. 24: Luke. The New American Commentary* (Nashville, TN: Broadman & Holman Publishers, 1992), S. 298.

[21] http://desiringgod.org/sermons/he-set-his-face-to-go-to-Jerusalem

Sache hinauszuzögern und nach einem anderen Ausweg zu suchen. Jesus selbst erbat zwar einen Ausweg von seinem Vater im Garten Gethsemane am Vorabend seiner Kreuzigung (Mk 14,36), doch das hatte nichts damit zu tun, dass er etwas aufschieben wollte. In den vorausgehenden Monaten, die zu jenem Augenblick geführt hatten, hatte er seinen Blick entschlossen auf Jerusalem und das Kreuz gerichtet, das ihn dort erwartete.[22] In den Berichten über jene mühselige Reise bieten die Evangelien denjenigen von uns Hilfestellung, die versucht sind, schwierige Dinge auf einen geeigneteren Zeitpunkt zu verschieben.

---

[22] »sein Angesicht […] nach Jerusalem richtete, um dorthin zu reisen.« Hier beginnt ein neuer Hauptteil des Lukasevangeliums. Von hier bis 19,27 richtete Christus sein Gesicht nach Jerusalem (s. Anm. zu V. 53) und die Erzählung wird zum Reisebericht vom Weg Jesu bis zum Kreuz. Es war ein dramatischer Wendepunkt im Wirken Jesu. Von nun an war nicht mehr Galiläa der Stützpunkt seines Wirkens. Obwohl Jesus in 17,11–37 für einen kurzen Besuch nach Galiläa zurückkehrt, beschreibt Lukas bereits von diesem Vers an alles als Reise nach Jerusalem, einschließlich seines Exkurses nach Galiläa. Wenn wir die Evangelien vergleichen, sehen wir, dass Christus während dieser Zeit anlässlich der jüdischen Feste mehrmals kurz in Jerusalem war (s. Anm. zu 13,22; 17,11). Dennoch waren diese kurzen Besuche nur Exkurse auf seinem Weg, den er zum letzten Mal nach Jerusalem ging, um dort zu sterben. Lukas betont diesen Wendepunkt im Wirken Jesu deutlicher als alle anderen Evangelisten und unterstreicht damit die Entschlossenheit Jesu, die ihm aufgetragene Erlösung am Kreuz zu erfüllen« (John MacArthur, *JohnMacArthur Studienbibel* [Bielefeld: CLV, 2004], S. 1443).

1. Verlass dich auf das Wort

Jesus wollte es vermeiden, diese schwierigste aller Aufgaben aufzuschieben. Er wusste, was ihm vom Wort Gottes her aufgetragen war und traf deshalb seine Entscheidungen in Übereinstimmung damit. Lukas erinnert uns:

> Er nahm aber die Zwölf zu sich und sprach zu ihnen: Siehe, wir ziehen hinauf nach Jerusalem, und es wird alles erfüllt werden, *was durch die Propheten über den Sohn des Menschen geschrieben ist*; denn er wird den Heiden ausgeliefert und verspottet und misshandelt und angespuckt werden; und sie werden ihn geißeln und töten, und am dritten Tag wird er wieder auferstehen. (Lk 18,31–33; Betonung hinzugefügt]

Die Worte Jesu scheinen so eindeutig zu sein, dass es einem schwer fällt, nachzuvollziehen, wie der Sinn dieser Worte den Jüngern entgehen konnte. Vielleicht konnten sie nicht sehen, wie schnell sich die Menschenmenge gegen ihn richten würde, weil sein Dienst so anerkannt war. Zu anderen Gelegenheiten, wo Jesus von seiner Kreuzigung sprach, wollten sie ihn sogar davon abhalten (Mt 16,21–22). Doch Jesus suchte nicht nach ihrer Bestätigung. Er benötigte nicht ihre Zustimmung. Er redete mit ihnen über das, was er in Bezug auf seinen Auftrag in den alttestamentlichen Prophetien entdeckt hatte. Möglicherweise dachte er an Psalm 22 oder 69, Jesaja 53 oder Sacharja 13,7.[23] Jesus hatte den Willen Gottes im Wort Gottes ausfindig gemacht und war darauf bedacht, seine Mission zu erfüllen. Dasselbe sollte auch auf uns zutreffen. Um Aufschieberitis zu überwinden, musst du einen Bibelabschnitt finden, der dir den Willen Gottes aufzeigt, an dem du dann festhältst. Der biblische Abschnitt wird nicht nur Informationen als Entscheidungsgrundlage liefern, er wird dich auch überführen, wenn dir danach ist, etwas aufschieben zu wollen. Wenn du in der Versuchung stehst, eine schwierige Unterredung oder Aufgabe aufzuschieben, *halte dir den Vers wiederholt vor Augen* und mache den ersten Glaubensschritt (Lk 17,5).

2. Führe dir dein Ziel vor Augen

Wie bereits gesehen, ist Furcht der versteckte Antrieb für Aufschieberitis. Vielleicht fürchtest du dich vor einem Projekt, von dem du keine Ahnung hast, wie du es angehen sollst, oder du hast Angst vor einem persönlichen Gespräch, das womöglich nicht so gut verlaufen wird. Vielleicht weißt du, dass du Bewegung brauchst, fürchtest dich aber vor der Entmutigung, die sich einstellt, wenn du nicht die körperliche Ausdauer zum Durchhalten hast. Du

---

[23] Jerome Smith, *The New Treasury of Scripture Knowledge* (Nashville, TN: Thoms Nelson Publishers, 1992), S. 1168.

schiebst es also auf, um einen geeigneteren Zeitpunkt abzuwarten. Dieser Zeitpunkt kommt aber nie. Wie der Dichter Charles Baudelaire bereits im 19. Jahrhundert sagte: »Wer aufschiebt, was zu tun ist, läuft Gefahr, es niemals tun zu können.«[24]

In der letzten Woche vor seinem Tod war der Gedanke des bevorstehenden Kreuzestodes für Jesus eine große Last. Achte auf seine Worte:

> Jetzt ist meine Seele erschüttert. Und was soll ich sagen? Vater, hilf mir aus dieser Stunde! Doch *darum bin ich in diese Stunde gekommen.* (Joh 12,27; Betonung hinzugefügt)

Obwohl er von Furcht ergriffen war, lieferte sich Jesus dieser Furcht nicht aus. Stattdessen führte er sich sein Ziel, den Grund, warum er auf diese Erde gekommen ist, vor Augen. Wenige Verse danach fügt Jesus im Johannesevangelium hinzu: »Und ich, wenn ich von der Erde erhöht bin, werde alle zu mir ziehen« (Joh 12,32). Daraufhin kommentiert Johannes: »Das sagte er aber, um anzudeuten, durch welchen Tod er sterben würde« (Joh 12,33).

Jesus führte sich nicht nur sein Ziel vor Augen, sondern er machte auch deutlich, dass er es nicht einfach um seinetwillen tat. Seine Absicht war es, Gott zu verherrlichen. »Vater«, sagte er, »verherrliche deinen Namen« (Joh 12,28). Jesus lehrt uns eine wichtige

---

[24] http://procrastinus.com/procrastomation/procrastination-quotes/

Lektion. Wenn wir uns selbst im Mittelpunkt des Geschehens sehen, kann die Furcht schnell zunehmen. Wenn die Furcht wächst, wächst auch unsere Tendenz, Dinge aufzuschieben. Jesus machte die Herrlichkeit des Vaters zu seinem zentralen Anliegen. Dadurch legte er das Augenmerk nicht auf sich selbst und das erleichterte es ihm, das größte Opfer zu bringen. Darüber hinaus bewahrte er sich stets eine dienende Einstellung und ermutigt uns somit, es ihm gleich zu tun. Markus berichtet, wie Jesus sagte:

> Und wer von euch der Erste werden will, der sei aller Knecht. Denn auch der Sohn des Menschen ist nicht gekommen, um sich dienen zu lassen, sondern um zu dienen und sein Leben zu geben als Lösegeld für viele. (Mk 10,44–45)

Anstatt die schwierigste Aufgabe seines Lebens aufzuschieben, hielt sich Jesus sein Ziel und die Absicht, warum er gekommen war, vor Augen, behielt die Ehre Gottes im Blick und bewahrte sich die Einstellung eines Dieners. Dadurch war er in der Lage, den notwendigen Mut aufzubringen, um voranzuschreiten.

3. Vertraue dem Vater

Die Formulierung »Jesus richtete sein Angesicht nach Jerusalem« geht auf Jesaja 50 zurück. Dort lesen wir:

> Aber Gott, der Herr, wird mir helfen, darum muss ich mich nicht schämen; darum *machte ich mein Angesicht wie einen Kieselstein*, denn ich wusste, dass ich nicht zuschanden würde. (Jes 50,7; Betonung hinzugefügt)

Ein Kieselstein ist ein hartes, dunkles Stück Quarz. Wenn er mit Metall geschlagen wird, erzeugt die heftige Reibung einen Funken, aber wegen seiner Härte splittert er nicht. Somit ist der Kieselstein das perfekte Bild für unbeirrte Entschlossenheit. Doch diese Entschlossenheit ist keine innere, vom Menschen eingegangene Verpflichtung. Ihr Ursprung findet sich vielmehr in dem Ausdruck ganz am Anfang des Verses: »Aber Gott, der Herr, wird mir helfen.« Es ist das, was uns beim Angehen einer schwierigen Aufgabe auf Gottes Hilfe vertrauen lässt. In der *John MacArthur Studienbibel* steht folgende Erklärung:

> Er war sich der Hilfe Gottes so gewiss, dass er unnachgiebig entschlossen war, trotz aller

Drangsale, die ihm bevorstanden, unbeirrbar zu bleiben.[25]

Jesu Zuversicht ruhte in seinem Vater. Er war zuversichtlich, dass Gott ihm in der Stunde der Not helfen würde und er ermutigt uns, dasselbe Vertrauen aufzubringen.

Im Alten Testament sah sich König David einem Löwen, einem Bären und Goliath, dem feindlichen Riesen, gegenüber. Bei jeder dieser Auseinandersetzungen vertraute er auf Gott und nicht auf sich selbst. Im Psalm 37 erklärt er diese Einstellung mit vier Ausdrücken: »Vertraue auf den HERRN«, »habe deine Lust am HERRN«, »befiehl dem HERRN deinen Weg« und »halte still dem HERRN« (Ps 37,3.4.5.7). Diese Worte sind eine hervorragende Gebetsvorlage, wenn wir uns darin üben wollen, von Gott dem HERRN abhängig zu sein.[26]

---

[25] John MacArthur, *JohnMacArthur Studienbibel* (Bielefeld: CLV, 2004), S. 985.
[26] S. auch das Gebetsmuster in: Phil Moser, *Sicher im Sturm. Biblische Strategien zur Überwindung von Ängsten* (Berlin: EBTC, 2020), S. 103–108.

4. Richte deinen Blick auf die Ewigkeit

Am Vorabend seines Todes teilte Jesus seinen Jüngern mit, dass er sie bald verlassen würde:

> Im Haus meines Vaters sind viele Wohnungen; wenn nicht, so hätte ich es euch gesagt. Ich gehe hin, um euch eine Stätte zu bereiten. Und wenn ich hingehe und euch eine Stätte bereite, so komme ich wieder und werde euch zu mir nehmen, damit auch ihr seid, wo ich bin. (Joh 14,2–3)

Zweimal in diesem Abschnitt taucht das Verb »bereiten« im Zusammenhang mit der Ewigkeit auf. Wir dürfen nicht vergessen, dass Vorbereitung für den chronischen Aufschieber eine große Herausforderung darstellt. Wenn man diese Wahrheit auf sein gesamtes Leben anwendet, begreift man, was Jesus verstanden hatte – es gilt, sich auf die Ewigkeit vorzubereiten.[27]

Die Bibel ermutigt uns, in dem Bewusstsein zu leben, dass diese Welt nicht alles ist. C. S. Lewis meinte, dass die meisten Christen so lebten, als sei diese Welt ihre Heimat und der Himmel ein entlegenes, weit entferntes Land. Er forderte seine Generation

---

[27] Ironischerweise denken wir, wenn wir eine Aufgabe von heute kurzfristig auf den morgigen Tag (Zeit auf dieser Erde) verschieben, eindeutig nicht in der Kategorie eines langfristigen morgigen Tages (der Ewigkeit).

heraus, die Metapher umzukehren. Er sagte, dass wir eigentlich im entlegenen, weit entfernten Land wohnten, während der Himmel unsere tatsächliche Heimat sei. Stell dir vor, dass du als Europäer einen zweiwöchigen Urlaub in den Vereinigten Staaten geplant hast. Würdest du innerhalb dieser 14 Tage nicht so viel sehen und unternehmen wollen wie nur möglich, da du weißt, dass du bald wieder in dein Heimatland zurückkehren wirst? Wenn wir die Ewigkeit anvisieren, werden wir die vor uns liegenden Aufgaben nicht aufschieben, denn – angesichts der Ewigkeit – ist dieses Leben äußerst kurzlebig. Zu wissen, dass unser Bürgerrecht im Himmel ist, sollte die Art und Weise beeinflussen, wie wir unsere Zeit auf der Erde verbringen.

Wenn ich in einem anderen Teil der Welt Vorträge halte oder anderweitig diene, denke ich oft so. Natürlich genieße ich all das Neue und Ungewohnte, das es in einem fernen Land zu sehen und zu hören gibt. Ich tauche gerne in die Kultur ein und lerne die Menschen kennen. Doch zum Ende der ersten Woche bin ich auch schon wieder bereit, nach Hause zu gehen. Einmal nahm ich an einem humanitären Einsatz in Bosnien teil. Jeden Abend, bevor ich schlafen ging, schaute ich mir Fotos von meiner Frau und von meinen Kindern an. Ich studierte sie und schwelgte lächelnd in Erinnerungen. Ich konnte es nicht erwarten, sie wiederzusehen. Nach fünf Tagen hatte ich Heimweh, doch der Einsatz dauerte noch weitere sieben Tage. Diese sieben Tage erwiesen sich als wirklich produktiv. Wir belieferten ein Krankenhaus mit medizinischem Bedarfsmaterial, versorgten Witwen in einem Dorf mit Matratzen sowie Flüchtlinge mit Grundnahrungsmitteln. Unser Team arbeitete zügig und bummelte bei keiner dieser Aufgaben. Nicht einen Augenblick dachte ich daran, es auf die nächste Woche zu verschieben, denn in der darauffolgenden Woche würde ich wieder nach Hause fliegen. Der Himmel ist nicht jenes entlegene, weit entfernte Land – du lebst momentan in diesem weit entfernten Land. Wenn du es fälschlicherweise zu deiner Heimat erklärst, wirst du das auf die lange Bank schieben, was eigentlich heute getan werden sollte. Doch wenn du deine Augen auf den Himmel richtest, wirst du einen klaren Blick auf das Heute haben, weil du die Hoffnung hast, morgen zuhause zu sein.

TEIL 3:
LEBE IM GEIST

Vielleicht überrascht es dich zu erfahren, dass einer der Schlüsselabschnitte über das Erfülltsein mit dem Heiligen Geist[28] auf einen der hilfreichsten Abschnitte zur Überwindung von Aufschieberitis folgt. Dies sollte uns daran erinnern, dass unser

---

[28] »Jesus ließ sich vom Geist leiten. Jeder, der Christus wirklich nachfolgt, wird dasselbe tun. Lukas berichtet, 'Jesus aber, voll Heiligen Geistes, kehrte vom Jordan zurück und wurde vom Geist in die Wüste geführt' (Lk 4,1). Im fünften Kapitel des Galaterbriefes erteilt Paulus vier Befehle, die denselben Gedanken umfassen. Jeder Befehl steht auf einzigartige Weise mit der Handlung des Gehens in Verbindung. Er sagt, wir sollen vom Heiligen Geist geleitet werden, im Geist wandeln, und im Geist leben (Gal 5,16.18.25). Das ist sehr aufschlussreich. Wandeln ist die biblische Metapher, um tägliche Angewohnheiten zu beschreiben. John MacArthur erklärt,' Der Umstand, dass *peripateo* (wandeln) hier in der Gegenwartsform verwandt wird, weist darauf hin, dass Paulus von einer anhaltenden, regelmäßigen Handlung spricht, in anderen Worten, einer Lebensgewohnheit. Zudem weist die Tatsache, dass das Verb sich auch im Imperativ (der Befehlsform) befindet, darauf hin, dass er die Gläubigen nicht vor die Wahl stellt, sondern ihnen einen Befehl erteilt. Unter anderem deutet wandeln an, dass man Fortschritte macht, sich wegbewegt von dem Ort, wo man sich befindet, hin zu dem Ort, wo man sein sollte. Indem ein Gläubiger sich der Kontrolle des Geistes unterstellt, bewegt er sich in seinem geistlichen Leben vorwärts. Schritt für Schritt bewegt ihn der Geist weg, von dem, wo er sich befindet und dorthin, wo Gott ihn haben will'« (Phil Moser, *So wie Jesus. Biblische Strategien für geistliches Gedeihen* [Berlin: EBTC, 2021], »Die dritte Ressource: Abhängigkeit vom Heiligen Geist«).

Kampf mit der Aufschieberitis geistlicher Natur ist und dass wir uns auf den Heiligen Geist verlassen müssen, um auf den Sieg hoffen zu können. In seinem Brief an die Epheser schreibt der Apostel Paulus:

> Seht nun darauf, wie ihr mit Sorgfalt wandelt, nicht als Unweise, sondern als Weise; und kauft die Zeit aus, denn die Tage sind böse. Darum seid nicht unverständig, sondern seid verständig, was der Wille des Herrn ist […] und […] werdet voll Geistes (Eph 5,15–18).

Die unterschiedlichen Ausdrücke im Epheserabschnitt werfen vier wichtige Fragen auf hinsichtlich darauf, wie wir unsere Zeit nutzen:

- Verschwende ich Zeit, ohne es zu merken?
- Investiere ich Zeit in das, was wirklich wichtig ist?
- Leite ich das, was ich für wirklich wichtig halte, von biblischen Werten ab?
- Praktiziere ich Selbstbeherrschung beim Umgang mit meiner Zeit?

Vier Wörter sollen uns zur Beantwortung dieser wesentlichen Fragen als Gedankenstütze dienen: (1) analysieren, (2) priorisieren, (3) biblizieren und (4) praktizieren. Diese Begriffe helfen uns, die Gefahren zu vermeiden, die den meisten chronischen

Aufschiebern verborgen sind. Wenn wir bereit sind, unser alltägliches Leben angesichts dieser Entdeckungen zu ändern, dann können wir die hartnäckige Aufschieberitis besiegen.

1. ANALYSIEREN
»SEHT NUN DARAUF, WIE IHR MIT SORGFALT WANDELT«

Verschwende ich Zeit, ohne es zu merken?

Die meisten Menschen, die dazu neigen, Dinge aufzuschieben, legen keine persönliche Rechenschaft über ihren Umgang mit der Zeit ab. Sie mögen zwar zugeben, dass sie nicht richtig vorausgeplant haben, aber sie sind sich in der Regel nicht bewusst, wie sie stattdessen ihre Zeit verbringen. Sie merken nur, dass sie davon nicht genug zu haben scheinen. Der Satz »Seht nun darauf, wie ihr mit Sorgfalt wandelt« fordert uns heraus, unseren Umgang mit der Zeit sorgfältig zu prüfen. Der Ausdruck »mit Sorgfalt« wird in anderen biblischen Abschnitten mit »genau« wiedergegeben.[29] Das lässt uns an eine analytische Beurteilung denken, die sich auf die Details und nicht nur auf Allgemeinheiten kon-

---

[29] Siehe Lk 1,3; Mt 2,8; Apg 23,15; 18,26.

zentriert. Das ist ein wertvoller Rat für Aufschieber. Typischerweise betrachten sie Zeit nicht in kleineren Intervallen (Minuten oder Stunden), sondern sie sehen sie eher als Tage, Wochen und Jahre. Der chronische Aufschieber lebt wie jemand, der ständig Schulden macht, weil er davon ausgeht, dass er irgendwann einmal mehr Geld verdienen wird. Der Einkaufssüchtige und der chronische Aufschieber haben ein ähnliches Problem: Sie gehen mit einer von Gott geschenkten Ressource recht leichtfertig um. Beim Geldverschwender geht es um Euro und beim Aufschieber geht es um Minuten. Die Lösung ist für beide dieselbe: »Seht nun darauf, wie ihr mit Sorgfalt wandelt.« Beide müssen sich ein Budget anlegen. Der eine muss sorgfältig planen, wie er sein Geld ausgibt, und der andere muss sorgfältig planen, wie er seine Zeit verbringt.

Vor ein paar Jahren merkte ich, dass meine Entmutigung über die Ereignisse in meinem Leben wuchs. Jede Woche wurde ich vom Freitag überrascht, der dann einen ständig wachsenden Berg an unerledigten Aufgaben hinterließ. Diese unerledigten Aufgaben überhäuften meinen Schreibtisch und beschlagnahmten auch meine Gedanken. Ich war emotional angespannt, weil ich immer mehr ins Hintertreffen geriet. Schließlich bekannte ich mein Problem einem Freund und Mentor.[30] Er

---

[30] Eine Unterhaltung mit Randy Patton, dem Direktor für Fort- und Weiterbildung der *Association of Certified Biblical Counselors*.

forderte mich heraus, zwei Wochen lang ein Tagebuch in Abschnitten von 15 Minuten über meine täglichen Aktivitäten zu führen. Ich erinnere mich daran, wie ich dachte: *Ich habe keine Zeit dafür! Ich schaffe es jetzt schon nicht, meine Projekte zu beenden und du willst, dass ich meine Zeit damit verbringe, alle 15 Minuten meine Aktivitäten zu dokumentieren?* Doch aus Respekt vor seiner Weisheit begann ich mit dem Prozess. Er war nicht nur sehr aufschlussreich, sondern ließ mich auch demütiger werden. Nach zwei Wochen konnte ich bestimmte Verhaltensmuster in meinem Leben erkennen. Ich entdeckte Bereiche, in denen ich unproduktiv und ineffizient war. Ich merkte auch, wie ich einigen Beziehungen nicht die nötige Aufmerksamkeit schenkte, während ich anderen – mangels Planung meinerseits – ungebührlich viel Zeit widmete. Da ich im Umgang mit meiner Zeit keine Prioritäten gesetzt hatte, ließ ich mich davon bestimmen, was andere für wichtig hielten. Am Ende dieses Tagebuch-Projekts musste ich mir eingestehen, dass ich meine Zeit nicht gut nutzte – eine Wahrheit, die ich nie entdeckt hätte, wenn ich mir nicht die Zeit zum Analysieren genommen hätte. Beachte die biblische Warnung: »Seht nun darauf, wie ihr mit Sorgfalt wandelt« (s. S. 117–118 für ein Muster-15-Minuten-Tagebuch).

2. PRIORISIEREN
»KAUFT DIE ZEIT AUS«

Investiere ich meine Zeit in das, was wirklich wichtig ist?

Der zweite Ausdruck in diesem biblischen Abschnitt, »kauft die Zeit aus«, handelt von Prioritäten. Paulus vergleicht nicht, was *gut* ist mit dem, was *schlecht* ist, was ja eine moralische Entscheidung beinhalten würde. Er redet hier vielmehr von dem, was *besser* oder *am besten* ist und unterstreicht damit eine Entscheidung, die sich auf Prioritäten gründet. Die *Hoffnung für Alle* übersetzt hier »Nutzt die Zeit, so gut ihr könnt« und die *Neue Genfer Übersetzung* schreibt »Macht den bestmöglichen Gebrauch von eurer Zeit«. Sie treffen den Sinn also sehr gut im modernen Sprachgebrauch. Der griechische Begriff, der dahintersteht, ist aber tatsächlich »kaufen« bzw. »erlösen« oder »auslösen«. Das Wort »erlösen« ist ein biblischer Begriff mit einer langen Geschichte. Wörtlich bedeutet es »zum Zwecke der Freilassung kaufen«.[31] Es geht also darum, Zeit um der Freiheit

---

[31] Der Theologe Paul Enns fasst die biblische Bedeutung von *Erlösung* folgendermaßen zusammen: »Das Wort *Erlösung* kommt vom griechischen Wort *agorazo* und bedeutet ‚auf dem Markt kaufen'. Es wurde häufig im Zusammenhang mit dem Verkauf von Sklaven auf dem Sklavenmarkt verwendet. Das Wort wird gebraucht, um zu beschreiben, wie der Gläubige vom Sklavenmarkt der Sünde losgekauft und von der Knechtschaft der Sünde befreit wurde. Der Kaufpreis

willen zu kaufen. Das sind gute Nachrichten für den chronischen Aufschieber, der sich von seinen vielen unerledigten Aufgaben geknebelt fühlt. Er muss seine Zeit besser nutzen. Das wird möglich, wenn er Entscheidungen trifft angesichts von Prioritäten, die er zuvor festgelegt hat. Die Bibel spricht oft von Prioritäten.

Denke über die folgenden bekannten Verse nach:

> Trachtet vielmehr zuerst nach dem Reich Gottes und nach seiner Gerechtigkeit, so wird euch dies alles hinzugefügt werden! (Mt 6,33)

> Und du sollst den Herrn, deinen Gott, lieben mit deinem ganzen Herzen und mit deiner ganzen Seele und mit deinem ganzen Denken

---

für die Freiheit des Gläubigen und dessen Erlösung von der Sünde war der Tod von Jesus Christus (1Kor 6,20; 7,23; Offb 5,9; 14,3–4). [...] Ein zweiter Begriff, der im Zusammenhang mit der Erlösung des Gläubigen zu finden ist, ist *exagorazo*, der lehrt, dass Christus Gläubige vom Fluch der Knechtschaft des Gesetzes, das nur verurteilen und nicht retten konnte, erlöst hat. Gläubige wurden auf dem Sklavenmarkt erkauft (*agorazo*) und völlig vom Sklavenmarkt entfernt (*ex*). Christus hat Gläubige von der Knechtschaft des Gesetzes und von dessen Verurteilung befreit (Gal 3,13; 4,5). [...] Ein dritter Begriff, der verwendet wird, um Erlösung zu erklären, ist *lytroō*, der ‚Freilassung aufgrund der Zahlung eines Preises erlangen' bedeutet. Der Gedanke einer Freilassung durch die Zahlung eines Lösegeldes ist bei diesem Begriff vorherrschend (Lk 24,21). Gläubige wurden mit dem kostbaren Blut Christi erlöst (1Pet 1,18), um Gottes besonderes Eigentum zu sein (Tit 2,14).« Paul Enns, *The Moody Handbook of Theology* (Chicago, IL: Moody Press, 1989), S. 323f.

und mit deiner ganzen Kraft!« Dies ist das erste Gebot. (Mk 12,30)

Ein Bereich, wo sich beim Aufschieber leicht Faulheit einschleicht, ist das Setzen von Prioritäten. Wenn wir keine Prioritäten setzen, anhand derer wir unsere Entscheidungen treffen, werden wir oft feststellen müssen, dass uns bestimmte Entscheidungen abgenommen werden. Aus der Notwendigkeit heraus schieben wir dann das auf, was wirklich wichtig ist, weil die weniger wichtige Aufgabe mittlerweile dringend geworden ist. Jesus macht die gleiche Beobachtung, als er sich an Martha wendet. Sie beschäftigte sich mit dem, was dringlich war, und vernachlässigte dabei das, was wichtig war.

> Es begab sich aber, als sie weiterreisten, dass er in ein gewisses Dorf kam; und eine Frau namens Martha nahm ihn auf in ihr Haus. Und diese hatte eine Schwester, welche Maria hieß; die setzte sich zu Jesu Füßen und hörte seinem Wort zu. Martha aber machte sich viel zu schaffen mit der Bedienung. Und sie trat herzu und sprach: Herr, kümmerst du dich nicht darum, dass mich meine Schwester allein dienen lässt? Sage ihr doch, dass sie mir hilft! Jesus aber antwortete und sprach zu ihr: Martha, Martha, du machst dir Sorge und Unruhe um vieles; *eines* aber ist Not. Maria aber hat das gute Teil er-

wählt; das soll nicht von ihr genommen werden! (Lk 10,38–42)

R. H. Stein kommentiert:

> Auch Martha wollte Jesus hören, doch die Tyrannei der Dringlichkeiten hielt sie davon ab. Martha ließ sich zu leicht von Dingen ablenken, die weniger wichtig waren. […] Es gilt, sich auf das zu konzentrieren, was am wichtigsten ist, denn obwohl dienen gut ist, ist es am besten, zu Jesu Füßen zu sitzen.[32]

Dwight D. Eisenhower diente sowohl als General der Streitmächte als auch zwei Amtszeiten als Präsident der Vereinigten Staaten. Als er sich einmal dafür aussprach, was wirklich wichtig ist, soll er Folgendes gesagt haben:

> Insbesondere dann, wenn wir uns in einer Krise zu befinden scheinen, sind wir nahezu gezwungen, unser erstes Augenmerk auf die dringliche Gegenwart, anstatt auf die wichtige Zukunft zu legen.[33]

---

[32] R. H. Stein, *Vol. 24: Luke. The New American Commentary* (Nashville, TN: Broadman & Holman Publishers, 1992), S. 321.
[33] Ansprache vor der Century Association am 7. Dezember 1961.

Es gibt ein interessantes Raster, das Eisenhowers Namen trägt.[34] Das Raster wird durch zahlreiche Bibelabschnitte belegt[35] und es hilft uns dabei, unsere Prioritäten im Hinblick darauf, wie wir unsere Zeit verbringen, zu beurteilen. Das Eisenhower-Raster besteht aus vier Quadranten. Diese vier Kästen sind allerdings nie statisch. Sieh die vier Quadranten zusammengenommen als einen 24-stündigen Zeitraum. Nun stell dir vor, dass sich die einzelnen Rechtecke – je nachdem, wie man seine Zeit verbringt – jeweils vergrößern oder verkleinern. Damit ein Quadrant größer werden kann, muss einer der angrenzenden Kästen kleiner werden. Wenn du versuchst, Prioritäten festzulegen, werden die Ereignisse deines Tages in eine dieser Kategorien fallen.

---

[34] Das Raster scheint sich aus der Aussage Eisenhowers ergeben zu haben, doch es gibt keine Belege dafür, dass er es selbst entwickelt hat. Mein besonderer Dank geht an Mary Burtzloff, Archivarin der *Eisenhower Presidential Library*, die in meinem Auftrag dazu hilfreiche Recherchen angestellt hat.

[35] *Wichtig und dringend* (Lk 10,30.33); *wichtig, aber nicht dringend* (Mt 6,33); *nicht wichtig, aber dringend* (Lk 10,40–41); *nicht wichtig und nicht dringend* (Spr 12,11).

Quadrant 1 beschreibt, was *wichtig und dringend* ist. Als der barmherzige Samariter den Mann vorfand, der ausgeraubt und halb tot liegengelassen wurde (Lk 10,30.33), war sein Handeln *sowohl* wichtig (so lieben wir unseren Nächsten) *als auch* dringend (es musste sofort etwas unternommen werden).

Quadrant 2 beschreibt, was *wichtig, aber nicht dringend* ist. Hier findet die Vorbereitung statt. Das Leben Jesu ist ein hervorragendes Beispiel für derartige Aktivitäten. Er betete früh morgens an Tagen, die mit Aktivtäten vollgepackt waren (Mk 1,35–37), lernte die Heilige Schrift auswendig, lange bevor er versucht wurde (Lk 4,1–13) und war stets gründlich vorbereitet, um die Schrift zu lehren und auszulegen (Lk 4,14–30). Deine geistlichen Tugenden fallen in diesen zweiten Quadranten. Dort verbringt eine Person, die dazu neigt, Dinge aufschieben, am wenigsten ihrer Zeit, weil ein Aufschieben der Aktivitäten in Quadrant 2 keine sofortigen Konsequenzen mit sich bringt. Bei diesem Quadranten fehlt die Dringlichkeit. Die Welt geht nicht zu Ende, wenn du z. B. einen Tag nicht betest, in der Bibel liest oder Bibelverse auswendig lernst (Eph 5,15–18).[36] Allerdings bist du dann auch nicht vorbereitet, wenn sich in der Zukunft eine Gelegenheit bietet.[37] Hierbei handelt es sich um die Schwachstelle des chronischen Aufschiebers: Er ist stets schlechter vorbereitet, als er es hätte sein können. Die Person, die dazu neigt, Dinge aufzuschieben, muss sich mehr in Quadrant 2 aufhalten. Es ist der Quadrant der Vorbereitung.

Quadrant 3 beschreibt, was *nicht wichtig, aber dringend* ist. Auch wenn wir hier manchmal Zeit verbringen müssen, können wir unsere Zeit hier durch gute Planung reduzieren. Das Abendessen von Jesus bei Maria und Martha ist dafür ein gutes Beispiel. Schmutziges Geschirr braucht unsere Aufmerksamkeit, aber nicht unsere größte Aufmerksamkeit. Für Martha fühlte es sich so an, als sei ihr Bedienen von größter Dringlichkeit, doch wenn Jesus bei dir am Tisch sitzt, kann das schmutzige Geschirr warten. Den Worten Jesu deine ungeteil-

---

[36] Hinsichtlich dieser wichtigen Tugenden im Christenleben siehe: Phil Moser, *So wie Jesus. Biblische Strategien für geistliches Gedeihen* (Berlin: EBTC, 2021).

[37] Aus diesem Grund sind die Lernverse ein wichtiger Bestandteil eines jeden Buches in der *Biblische Strategien*-Reihe. Im Druck des Alltags wird dir der sofortige Zugang zu biblischen Schlüsselabschnitten verwehrt bleiben, wenn du sie nicht auswendig gelernt hast, als der Druck noch nicht da war.

te Aufmerksamkeit zu widmen ist wichtiger, als ihn zu bedienen. Der chronische Aufschieber lebt in den Quadranten der *Dringlichkeiten*. Es ist sogar so, dass eine Sache, die man lange aufschiebt, mit der Zeit so dringend wird, dass sie sofort erledigt werden muss. Doch solch ein Verhaltensmuster hält dich davon ab, das zu tun, was wirklich wichtig ist. Schon Goethe sagte: »Wichtige Dinge dürfen nie den unwichtigen untergeordnet werden.«[38]

Zum Schluss kommen wir zum Quadranten 4. Hier geht es um Angelegenheiten, die *weder wichtig noch dringend* sind. Weil der Aufschieber nicht die richtigen Prioritäten gesetzt hat, neigt er dazu, einen ungebührlichen Teil seiner Zeit in dieser Kategorie zu verbringen. Stupides Surfen im Internet, stundenlanges Computerspielen sowie Unterhaltung und soziale Medien häufen sich in dieser Kategorie. So verbringt der durchschnittliche deutsche Jugendliche zwischen 14 und 19 Jahren über 37 Stunden pro Woche vor dem Bildschirm bzw. mit audiovisuellen Medien.[39] Meistens handelt es sich dabei um Aktivitäten, die in den vierten Quadranten fallen. Wenn du etwas Wichtiges aufschiebst (weil es nicht dringend ist), wirst du es oft mit etwas Unwichtigem ersetzen. Sprüche 12,11 warnt uns: »Wer seinen Acker bebaut, wird reichlich Brot haben; wer aber Nichtigem nachjagt, dem mangelt es an Verstand.«

---

[38] https://gutezitate.com/zitat/121706
[39] https://www.br-online.de/jugend/izi/deutsch/
Grundddaten_Jugend_Medien.pdf, S. 6

Das Wort »Nichtigem« kann auch mit »Wertlosem«, »Leerem«, »Prinzipienlosem« oder »Eitlem« übersetzt werden.[40] Es wird verwendet, um eine leere Zisterne ohne Wasser zu beschreiben (1Mo 37,24). Es wird auch gebraucht, um das Haschen nach unerfüllten Wünschen zu beschreiben (Jes 29,8). Es eignet sich sehr gut als Bezeichnung für Quadrant 4. Hier verbrachte Zeit ist verschwendete Zeit. Darüber hinaus bleiben wertlose Wünsche stets unerfüllt – sie wollen immer mehr von deiner Zeit in Anspruch nehmen, ganz egal, wie viel Zeit du ihnen ohnehin schon einräumst. Die meisten chronischen Aufschieber werden merken, dass sie einen beträchtlichen Anteil ihrer Zeit im vierten Quadranten verbringen. Deswegen erliegt die Person, die etwas aufschiebt, einem Selbstbetrug, wenn sie behauptet: »Mir fehlte einfach die Zeit dazu«. Sie hatte zwar Zeit, hat davon aber zu viel im vierten Quadranten verschwendet.

Jeder, der dazu neigt, Dinge aufzuschieben, verbringt die meiste Zeit in den Quadranten 1, 3 und 4. Er lässt es zu, dass etwas oder jemand seine Prioritäten als dringlich markiert (Quadranten 1 und 3). Wenn er dann mit den Dingen, zu denen er nicht gekommen ist, immer mehr in Verzug gerät, wird er sich zunehmend den *unwichtigen* Dingen zuwenden (Quadrant 4). Wenn sich dieses Verhaltensmuster fortsetzt, wird die Liste mit den *Dringlichkeiten*

---

[40] James Strong, *The New Strong's Dictionary of Hebrew and Greek Words* (Nashville, TN: Thomas Nelson, 1996).

immer länger und er verschiebt die *Wichtigkeiten* auf morgen. Jesus gab uns eine beeindruckende Verheißung, als er sagte: »Trachtet vielmehr zuerst nach dem Reich Gottes und nach seiner Gerechtigkeit, so wird euch dies alles hinzugefügt werden!« (Mt 6,33) Weil Gott dich zur Verantwortung zieht für das, wonach du zuerst trachtest, darfst du nicht zulassen, dass die Tyrannei der Dringlichkeiten deine Prioritäten festlegt. Um die Aufschieberitis zu überwinden, musst du deine Prioritäten überdenken und deine Zeit in Dinge investieren, die von bleibendem Wert sind (s. die Seiten 119–120 zur Bewertung deiner Prioritäten mittels des Eisenhower-Rasters).

3. BIBLIZIEREN
»NICHT ALS UNWEISE, SONDERN ALS WEISE«

Leite ich das wirklich Wichtige von biblischen Werten ab?

Um die leidige Neigung zu überwinden, Dinge aufzuschieben, musst du zunächst analysieren, was du bei deinem Umgang mit der Zeit falsch machst und dann eine Liste von Prioritäten erstellen. Doch letzten Endes darfst du dabei nie vergessen, dass du lediglich ein Haushalter der Zeit und nicht ihr Besitzer bist. Wenn du anfängst, dich als Haushalter der Zeit zu betrachten, dann wirst du auch anders mit ihr umgehen. Denk dran, dass es um Gottes Willen und nicht um unseren geht. Aus diesem Grund ermahnt uns der Apostel: »Darum seid nicht unverständig, sondern seid verständig, was der Wille des Herrn ist!« (Eph 5,17) Lege dein Augenmerk einmal auf die zweite Formulierung in unserem Abschnitt über biblisches Zeitmanagement: »Seht nun darauf, wie ihr mit Sorgfalt wandelt, *nicht als Unweise, sondern als Weise;* und kauft die Zeit aus« (Betonung hinzugefügt).

Die Bibel spricht sehr viel über Weisheit, und Psalm 90,12 zeigt einen wichtigen Schritt auf, wie man Weisheit erlangt: »Lehre uns unsere Tage richtig zählen, damit wir ein weises Herz erlangen!« Die *ESV Study Bible* kommentiert:

Dies bezieht sich insbesondere auf die Fähigkeit, seine Tage bestmöglich zu nutzen, weil es so wenige sind. Das Herz der Weisheit befähigt den Treuen dazu, mit den richtigen Prioritäten zu leben.[41]

Der Aufschieber zählt seine Tage nicht; er geht einfach davon aus, dass er genug davon hat. Er vermeidet das Herunterzählen und spekuliert darauf, dass er stets noch mehr Zeit zur Verfügung haben wird. Elisabeth Kübler-Ross sagte einmal:

> Erst wenn wir wirklich wissen und begreifen, dass unsere Zeit auf dieser Erde begrenzt ist – und dass wir unmöglich wissen können, wann unsere Zeit abgelaufen ist –, erst dann werden wir jeden Tag voll nutzen, so als ob es unser einziger wäre.[42]

Deswegen wird der weise Mensch in Psalm 90 mit einem akribischen Buchhalter verglichen. Er betrachtet Zeit als ein begrenztes Gut und wird daher gezielt auswählen, worin er seine Zeit investiert.

Du kannst deine Tage ganz praktisch »zählen«, indem du eine Liste deiner Rollen und Verantwortlichkeiten erstellst. Diese Rollen erfordern ein unterschiedliches Maß an Verpflichtung und Zeit.

---

[41] *The ESV Study Bible* (Wheaton, Il; Crossway, 2008), S. 1053.
[42] http://thinkexist.com/quotation/
it-s_only_when_we_truly_know_and_understand_that/205489.html

Hier sind z. B. einige der Verantwortungsbereiche, die Gott mir anvertraut hat:

- Ich bin Christ
- Ich bin Ehemann
- Ich bin Vater
- Ich bin Angestellter (Pastor)
- Ich bin Lernender
- Ich bin Mentor

Diese Rollen haben mit Beziehungen zu tun; sie erfordern, dass ich mit anderen interagiere und dafür meine Zeit aufwende. Wenn du faul bist, überlässt du es anderen, zu bestimmen, wie du mit deiner Zeit umgehst aufgrund der Bedürfnisse, die sie zu haben glauben. Wenn du zulässt, dass andere deine Rollen definieren, bewegst du dich weg von den wichtigen Dingen und begibst dich in den Bereich der Dringlichkeiten. Die Kultur (oder deine Gemeinde) wird dir dann z. B. vorschreiben, was du als Christ tun sollst. Dein Arbeitgeber wird dir dann vorschreiben, was du als Arbeitnehmer tun sollst (was in der Regel auf mehr Arbeit mit weniger Unterstützung hinausläuft). Dein Ehepartner wird versuchen, dir seine Erwartungen ans Wochenende aufzuerlegen und deine Kinder werden deine Zeit morgens, mittags und abends in Anspruch nehmen.

Die Popkultur entgegnet auf all die Forderungen seitens anderer, dass du mehr Zeit auf dich selbst verwenden solltest. Doch dabei wird vergessen, dass die Zeit eigentlich nicht dir (oder sonst irgendjemandem) gehört. Sie ist ein Geschenk Gottes und man sollte dementsprechend damit umgehen. Um die Aufschieberitis zu überwinden, reicht es daher nicht aus, nur deine Verantwortungsbereiche aufzuzählen. Du musst dir deutlich machen, wie du deine Zeit auf diese Rollen verteilen solltest. Für mich hat sich die Heilige Schrift als große Hilfe bei der Definition von Rollen und Verantwortlichkeiten erwiesen. Gelegentlich muss man ein Wort erfinden, um das auszudrücken, was sonst nicht ausgedrückt werden kann. *Biblizieren* ist so ein Wort. Ich analysiere, ich priorisiere und dann biblizere ich. Wenn es mir wirklich ein ernsthaftes Anliegen ist, den Willen Gottes zu tun, dann muss ich auch das Wort Gottes ernsthaft verstehen wollen. Wenn ich meine konkreten Verantwortungsbereiche nicht von der Schrift bestimmen lasse, werde ich meine Zeit dem hingeben, was andere wollen und wieder dahinkommen, dass ich die wichtigen Dinge, zu denen mich Gott berufen hat, auf die lange Bank schiebe. Beachte, wie schon eine kleine Handvoll biblischer Abschnitte uns helfen kann, ein Licht auf diese Rollen zu werfen:

- Als Christ *soll ich Gott und die Menschen um mich herum lieben* (Mt 22,36–40).
- Als Ehemann *soll ich meine Frau aufopfernd lieben* (Eph 5,25).

- Als Vater *soll ich meine Kinder in ihrer Beziehung zum Herrn unterweisen* (5Mo 6,4–7), *sie, wenn nötig, züchtigen* (Eph 6,4) *und es vermeiden, sie zum Zorn zu reizen* (Eph 6,4).
- Als Angestellter (Pastor) *soll ich Zeit im Wort Gottes, im Gebet* (Apg 6,4; 2Tim 4,1–5) *und in Gemeinschaft mit den Menschen in der Gemeinde verbringen* (1Kor 12,14–20).
- Als Lernender *soll ich Gottes Wahrheiten entdecken und auf mein Leben anwenden* (Esra 7,10; Jak 1,22).
- Als Mentor *soll ich auf die nächste Generation zugehen, sie anleiten und ermutigen* (1Tim 4,13–16; 2Tim 2,2).

Du bist ein Haushalter deiner Zeit und nicht ihr Besitzer. Als Haushalter musst du erst deinen Herrn fragen, wie du deine Zeit verbringen sollst. Aus diesem Grund biblizieren wir unsere Rollen und Verantwortlichkeiten. Wenn du aus dem Blickwinkel deiner Beziehungen und Rollen über deine Zeit nachdenkst, wirst du folgende wichtige Wahrheiten entdecken:

- *Da Zeit eine begrenzte Ressource ist, entstehen oft Spannungen zwischen den unterschiedlichen Rollen.* Jeder hat nur 24 Stunden am Tag zur Verfügung. Die Menschen, mit denen du entsprechend deiner Rollen in Beziehung stehst, gehen davon aus, dass ihnen ein Teil deiner 24 Stunden zusteht. Allerdings kommunizieren sie nicht miteinander (das ist auch nicht ihre Aufgabe), sondern nur mit dir. Das ist die Spannung, unter der du stehst. Du vergisst, dass zeitliche Spannung erforderlich ist, um das Gleichgewicht zwischen diesen Beziehungen aufrechtzuerhalten. Natürlich könntest du ohne weiteres mehr Zeit auf der Arbeit, zu Hause oder in der Gemeinde verbringen. Doch Zeit, die wir auf einen bestimmten Lebensbereich verwenden, kann in einem anderen Lebensbereich zu einem Defizit führen.

- *Da deine Rollen mit Beziehungen zu tun haben, steht dir für einige nur ein begrenztes Zeitfenster zur Verfügung, um in sie zu investieren.* Eltern müssen sich bewusst sein, dass ihre Kinder heranwachsen und irgendwann ausziehen (1Mo 2,24). Darüber hinaus wird deine Gelegenheit zur Unterweisung, wenn sie ins junge Erwachsenenalter kommen und sich zunehmend abnabeln, teilweise von ihrer Bereitschaft abhängen, diese anzunehmen. Als Arbeitnehmer kannst du nur zeitlich begrenzt bis zum Ruhestand auf deine Firma Einfluss nehmen. Für Ehepaare wird der Tag kommen, wenn »der Tod euch scheidet« (Mt 19,6). Für jede deiner Rollen schließt sich irgendwann das Zeitfenster der Gelegenheiten, und diese Fenster schließen sich zu jeweils unterschiedlichen Zeitpunkten. Das bedeutet, dass du in bestimmten Lebensphasen einer Rolle mehr Zeit einräumen musst als in einem anderen Lebensabschnitt.

Das ist also mit »deine Tage zählen« gemeint. Wenn du etwas aufschiebst, fühlt es sich so an, als ob du immer noch morgen zur Verfügung hast. Sobald du aber anfängst, dein Leben aus dem Blickwinkel deiner Rollen und Beziehungen zu betrachten, wirst du Zeit als kostbares Gut schätzen lernen. Du gehst dann nicht mehr davon aus, dass das Zeitfenster der Gelegenheiten unbegrenzt geöffnet bleibt. Dies sollte den chronischen Aufschieber aufrütteln. Wenn wir unsere Zeit nicht jetzt in die Beziehungen stecken, die wirklich wichtig sind, haben wir keine Garantie, dass wir morgen noch Zeit dafür haben (s. S. 121–122 für die biblischen Schlüsselabschnitte, die auf die verschiedenen Rollen und Verantwortlichkeiten anzuwenden sind).

4. PRAKTIZIEREN
»SEID NICHT UNVERSTÄNDIG«

Praktiziere ich Selbstbeherrschung beim Umgang mit meiner Zeit?

Analysieren, Priorisieren und Biblizieren sind alles wesentliche Schritte, aber das Wandeln in der Kraft des Geistes erfordert, dass wir diese Wahrheiten auch tatsächlich auf unsere Alltagsentscheidungen anwenden. Darauf zielt die Anordnung »seid nicht unverständig« in Epheser 5,17 ab. In der Bibel wird der »Unverständige« oder »Narr« als jemand beschrieben, der es hätte besser wissen sollen. Trotz des notwendigen Wissens zur Veränderung, das ihm anvertraut wurde, weigert er sich stur, seinen Lebensstil zu ändern. Immer wieder tut er dasselbe auf dieselbe Art und Weise, doch aus irgendeinem Grund erwartet er ein anderes Ergebnis. Diese Beschreibung passt haargenau auf den chronischen Aufschieber. In der Vergangenheit ist ihm schon einmal die Zeit ausgegangen, die er benötigt hätte, um sich voll in eine Aufgabe oder Beziehung zu investieren und sein Bestes zu geben. Anstatt aus der Vergangenheit zu lernen, wiederholt er (oder sie) den Fehler auf tragische Weise und es rennt ihm wieder einmal die Zeit davon (Spr 26,11). Der Begriff, den sich eine aufschiebe-freudige Person einprägen sollte, weil er ihr helfen wird, diese wichtigen Anpassungen vorzunehmen, ist das Wort *praktizieren*. Um mit seinen törichten Gewohnheiten zu brechen, muss der Aufschieber drei Merkmale der Selbstbeherrschung praktizieren.

Bei Selbstbeherrschung denken wir zwar schnell an eine Selbst-Hilfe-Mentalität, aber in Wahrheit ist Selbstbeherrschung (als ein Teil der Frucht des Geistes) ein Geschenk des Heiligen Geistes:

> Die Frucht des Geistes aber ist Liebe, Freude, Friede, Langmut, Freundlichkeit, Güte, Treue, Sanftmut, *Selbstbeherrschung*. Gegen solche Dinge gibt es kein Gesetz. Die aber Christus angehören, die haben das Fleisch gekreuzigt samt den Leidenschaften und Lüsten (Gal 5,22–24; Betonung hinzugefügt).

Das alttestamentliche Buch der Sprüche enthält folgende Warnungen: »Wie eine Stadt mit niedergerissenen Mauern, so ist ein Mann, der seinen Geist nicht beherrschen kann« (Spr 25,28) und »ein Weiser hält [seinen Unmut] zurück« (Spr 29,11b). Selbstbeherrschung zeichnet die Weisen aus und nicht die Toren. Hat der Aufschieber erst einmal alle zuvor erwähnten Entdeckungsschritte durchlaufen, muss er immer noch lernen, sich selbst in Bezug auf legitime Vergnügungen zu beherrschen. Wenn er nicht lernt, sich in Bezug auf die Dinge, die er genießt, zu beherrschen, wird er dazu neigen, die Dinge mit hoher Priorität zurückzustellen und wieder der Aufschieberitis zu verfallen.

Praktiziere Selbstbeherrschung, indem du die schwierigste Aufgabe zuerst erledigst.

Vor Jahren habe ich entdeckt, dass ich, wenn ich zuerst das erledigte, was ich am wenigsten tun wollte, in der Regel auch die Zeit übrighatte, um die Dinge zu tun, die ich gerne tat. Wenn ich jedoch mit den Dingen anfing, die ich mochte, schien ich nie Zeit zu haben, um die schwierigen Aufgaben zu erledigen, die ich mied. Wer dazu neigt, Dinge aufzuschieben, beschließt häufig, zuerst das anzugehen, was er gerne tut, und verschiebt dann die schwierigere Aufgabe auf einen anderen Tag. Der Student, der leistungsmäßig auf der Kippe steht, spielt häufig Videospiele, ehe er sich auf die morgige Prüfung vorbereitet. Der gestresste Vater spielt nach der Arbeit lieber noch schnell eine Runde Golf, statt zuhause Zeit mit seinem anstrengenden dreijährigen Sohn zu verbringen. Wir neigen alle dazu, die Aufgabe, die wir am liebsten mögen, als erstes zu erledigen, und – weil wir sie allzu gerne tun – läuft es darauf hinaus, dass wir für die unliebsame Aufgabe nicht genügend Zeit übrighaben. Man braucht Selbstbeherrschung, um die schwierigste Aufgabe zuerst anzugehen. Ich habe Freunde, die ihren Kindern im Teenageralter den Rat gaben: »Ihr müsst die Kröten zuerst schlucken.« Geistbefähigte Selbstbeherrschung ist erforderlich, um sich dieses Verhaltensmuster anzueignen. Es kann z. B. helfen, wenn man sich eine Liste mit den noch zu erledigenden Aufgaben macht, diese nach Prioritäten ordnet, und dann die Aufgabe, die einem am unliebsten ist, ganz nach oben setzt. Wenn man diese unliebsame Aufgabe erledigt hat, kann man sich den anderen zuwenden. Die Dinge, die dir echte Freude bereiten, werden dir mehr Erfüllung bringen, wenn du weißt, dass du die schwierigen Aufgaben bereits erledigt hast und sie nicht mehr am nächsten Tag auf dich warten.

Praktiziere Selbstbeherrschung durch Mäßigung.

In seinem Buch *Respectable Sins*[43] beschreibt der Autor Jerry Bridges Selbstbeherrschung wie folgt:

> [Selbstbeherrschung] ist die Steuerung bzw. besonnene Beherrschung der eigenen Wünsche, Gelüste, Impulse, Gefühle und Leiden-

---

[43] Anm. des Übersetzers: Der Titel bedeutet in Deutsch in etwa: »Salonfähige Sünden«. Eine deutschsprachige Version lag zum Zeitpunkt der Übersetzung dieses Buches noch nicht vor.

schaften. *Es bedeutet, dass man »nein« sagt, wenn man »nein« sagen sollte. Es bedeutet, dass man sich in Bezug auf legitime Wünsche und Aktivitäten mäßigt* und in Bereichen, die eindeutig sündig sind, absolute Zurückhaltung übt [Betonung hinzugefügt].[44]

Zeit ist ein begrenztes Gut. Ein Weiser versteht diese Wahrheit und mäßigt sich in den Dingen, die er mit Recht genießen darf. Der Tor dagegen sieht gar nicht ein, warum er sich mäßigen sollte. Er schaut sich stundenlang seine Lieblingsserie an und verschiebt unerledigte Aufgaben und unbequeme Beziehungsfragen auf morgen. Der Narr glaubt, die Zeit gehöre ihm und er könne damit umgehen, wie er will. Er schreckt vor Rechenschaft zurück und er erschauert bei dem bloßen Gedanken daran. Aus diesem Grund lehrt die Bibel, dass der Narr in seinem Herzen spricht: »Es gibt keinen Gott!« (Ps 14,1) Es ist tragisch, dass der chronische Aufschieber den Fehler macht, zu glauben, er sei souverän. Solange dies nicht korrigiert wird, wird er auch niemals einsehen, warum er die Dinge, die er gerne tut, in Mäßigung genießen sollte, und so verschiebt er seine Verantwortlichkeiten auf einen anderen Tag. Um mit dieser Angewohnheit zu brechen, musst du lernen, »nein« zu sagen, wenn du »nein« sagen

---

[44] Jerry Bridges, *Respectable Sins* (Colorado Springs, CO: NavPress, 2007), S. 110.

solltest. Du musst dir vor Augen führen, dass Gott allein souverän ist. Du bist lediglich ein Haushalter der Zeit, die er dir anvertraut hat, und nicht ihr Besitzer. Mäßige dich in der Kraft des Geistes in den Dingen, die du genießt, damit du deine Zeit bestmöglichst nutzen kannst, um deine gottgegebene Verantwortung zu erfüllen.

Praktiziere Selbstbeherrschung, um durchzuhalten, wenn du entmutigt bist.

Mason Cooley war ein amerikanischer Aphoristiker, der für seine kurzen geistreichen Aussagen bekannt war. Ihm wird folgender Ausspruch nachgesagt: »Die Zeit, die ich totschlage, schlägt mich tot.«[45] Eines meiner Lieblingszitate, das ihm zugeschrieben wird, ist: »Wenn man etwas aufschiebt, werden leichte Angelegenheiten schwer und schwere Angelegenheiten noch schwerer.«[46] In dem Moment, wo wir etwas aufschieben, fühlt es sich so an, als ob die Dinge leichter geworden wären, weil wir die Arbeit nicht augenblicklich tun müssen. Doch in Wahrheit haben wir gerade eine Entscheidung getroffen, die den morgigen Tag schwerer machen wird, als er es

---

[45] http://en.wikipedia.org/wiki/Mason_Cooley
[46] http:www.brainyquotes.com/quotes/quotes/m/masoncoole:396387.html

sonst gewesen wäre. Am nächsten Tag musst du nicht nur das Arbeitspensum dieses Tages bewältigen, sondern auch das des Vortages. Wenn du die unerledigten Aufgaben von zwei Tagen vor dir herschiebst, wächst der Berg und es wird schwieriger, ihn zu erklimmen. Da ist es leicht verständlich, warum die Entmutigung sich breitmacht.

Als der Orkan »Sandy« mit ganzer Wucht auf die Küste von New Jersey prallte, beteiligte sich unsere Gemeinde an den Aufräumarbeiten. Wir schlossen uns der Hilfsorganisation *Samaritan's Purse* an, die den Menschen half, ihre Häuser in ihren vorherigen Zustand zurückzubringen. Die Ortschaft Atlantic City in New Jersey wurde auf einer Düneninsel nahe dem Festland errichtet. Nun hatte die Sturmflut die gesamte Breite der Insel bis zu 1,80 Meter mit Wasser bedeckt, sodass alles, was sich unter diesem Wasserpegel befand, beschädigt wurde. Marge[47] war eine ältere Dame, die auf der westlichen Seite der Insel lebte. Unser Hilfsprojektleiter, der den Ort bereits besichtigt hatte, warnte uns vorab, dass Marge sammelwütig war. Wir würden sehr vorsichtig sein müssen, um sie im Zuge der Aufräumarbeiten nicht zu kränken. Marge lebte im ersten Stock ihres Hauses, weil es nicht einmal mehr möglich war, durch das Erdgeschoss zu gehen. Jedes Zimmer war bis oben hin vollgepackt mit ihrem Kram: viele alte Zeitungen, Kleidung, Bettzeug, Ku-

---

[47] Der Name wurde geändert.

scheltiere und verschiedene andere Habseligkeiten lagen dort, vom Orkan »Sandy« aufgeweicht. Ein Team von 25 Freiwilligen war den ganzen Tag damit beschäftigt, diese von Wasser durchtränkten Gegenstände auf den Bürgersteig zu schleifen. Ich kann mich noch lebhaft daran erinnern, wie schwer es Marge fiel, zu entscheiden, was mit ihren Sachen passieren sollte, obwohl sie alle unwiederbringlich zerstört waren. Anfangs quälte sie sich mit den Entscheidungen, doch im Laufe des Tages hob sich zunehmend ihre Stimmung. Sie machte einen jüngeren und gesprächigeren Eindruck. Sie lächelte, als wir das Ergebnis ihrer zwanzigjährigen Sammelwut zur Abfallbeseitigung an den Straßenrand zogen. Der regionale Nachrichtensender interviewte sie und sie brachte ihre Dankbarkeit gegenüber ihren »neugewonnen Freunden« zum Ausdruck, die »für sie erledigt hatten, was sie selbst nicht tun konnte«. Ihre Erleichterung war deutlich spürbar. Ihre jahrzehntelange Unentschlossenheit hatte ihre Entscheidungsfähigkeit vollkommen gelähmt.

Wer zum Aufschieben neigt und Entscheidungen aufschiebt, die letzten Endes unvermeidlich sind, wird vom Leben überwältigt – so wie das Erdgeschoss von Marges Wohnung. Entmutigung stellt sich schnell ein, wenn unser Versäumnis, Entscheidungen zu treffen, unser Leben zu einem durchweichten Wohnraum macht, der von Müll überquillt. Hier ist Selbstbeherrschung gefragt. Gib deinen Wünschen, Gelüsten und Impulsen nicht nach – ganz egal, wie stark sie sind. Selbstbeherrschung wandelt im Glauben und nicht in Gefühlen. Die Selbstbeherrschung macht kleine Schritte und kann so auch im Angesicht von Entmutigung durchhalten. Lass dich also nicht von dem Gefühl der Entmutigung überwältigen. Leg einfach los. Mache heute noch den ersten Schritt.

VERWALTE DEINE ZEIT

Stell dir vor, jeder bekommt 525.600 Euro im Jahr. Du und deine Freude, ihr dürft das Geld so investieren, wie ihr wollt. Es gibt nur einen Haken. Jeweils am Jahresende müsst ihr den Betrag zurückgeben, den ihr nicht ausgegeben habt. Der ist dann für immer weg. Er kann nie mehr wieder ausgegeben oder investiert werden – er ist einfach weg. Aber keine Sorge, denn im nächsten Jahr bekommt ihr ja wieder eine halbe Million und könnt wieder von vorn anfangen. Wenn sich dieser Kreislauf über dein gesamtes Leben hinweg fortsetzen würde, würdest du wohl insgesamt um die 40 Millionen Euro erhalten. Das ist viel Geld. Vielleicht wärst du versucht, dein Geld ein bisschen zu leichtfertig auszugeben und einzusetzen. Wenn du wüsstest, dass morgen wieder neues Geld hereinkommt, würdest du dir wohl keine großen Sorgen darum machen, wie du es heute ausgibst; es sei denn, es handelte sich gar nicht um dein eigenes Geld, das du ausgeben kannst, wie du willst. Stell dir vor, das Geld gehörte jemand anderem, der dich darum gebeten hat, es zu investieren und eines Tages Rechenschaft darüber abzulegen. Uns werden zwar nicht jährlich

525.600 Euro anvertraut, um diese für einen Klienten zu investieren, aber wir bekommen jedes Jahr 525.600 Minuten, um sie für Gott zu investieren. Alle Minuten, die wir nicht nutzen, verschwinden spurlos von unserem Konto. Gott selbst vertraut uns Zeit an (Eph 5,15–17). Investiere sie zur Ehre Gottes, sodass auch du eines Tages die Worte hören wirst: »Recht so, du guter und treuer Knecht!« (Mt 25,21.23)

»Fang an, das zu tun, was du tun möchtest. Wir leben nicht in der Ewigkeit. Wir haben nur diesen Moment, der wie ein Stern in unserer Hand funkelt – und so schmilzt wie eine Schneeflocke.«

Sir Francis Bacon (1561–1626)

WIE DU DAS GELERNTE UMSETZEN KANNST

Die Entdeckung neuer Wahrheiten ist zwar der Anfang der Veränderung, doch Entdeckung allein kann keine echte Veränderung herbeiführen. Um das zu erreichen, ist es notwendig, dass du deine alten Gewohnheiten mit neuen, deine alten Vorstellungen mit richtigen und deine alten Gedanken mit biblischen ersetzt. Die verbleibenden Seiten dieses Buches sind dazu da, dir zu helfen, diese neuen Angewohnheiten zu entwickeln. Gebet, die Schrift und der Heilige Geist waren die göttlichen Ressourcen, derer Jesus sich bediente, und dieselben Ressourcen stehen heute auch dir und mir zur Verfügung.

1. Das Gebet
Ganz egal, mit welchem Problem wir uns herumschlagen, wir neigen dazu, das Gebet als Alarmschalter zu betrachten – wir drücken erst den Panikknopf, wenn wir in Not geraten sind. Doch in der Bibel befinden sich über 650 Gebetsbeispiele. Sie sind eine hervorragende Ressource, um in deinem Gebetsleben Wachstum zu erfahren. Auf den

nächsten Seiten findest du ein Gebetsmuster und eine Aufzählung der Eigenschaften Gottes.

2. *Die Schrift*

Ein wachsendes Verständnis dessen, was der Wille Gottes für uns beinhaltet, ist zur Überwindung der schlechten Angewohnheit des Aufschiebens wesentlich. Ein täglicher Bibelleseplan – flexibel genug, dass er sich sowohl für Anfänger als auch für erfahrene Bibelleser eignet – ist angefügt. Um beim Auswendiglernen der Schrift behilflich zu sein, habe ich 20 Bibelabschnitte beigefügt, die auf das Thema »Aufschieberitis« direkt anzuwenden sind und auswendig gelernt werden können.

3. *Der Heilige Geist*

Die Abhängigkeit vom Heiligen Geist ist für das Überwinden der Aufschieberitis wesentlich. Durch das Wandeln im Geist entwickeln wir neue Gewohnheiten und bringen dadurch diese tägliche Abhängigkeit zum Ausdruck.

WIE DU DAS GELERNTE UMSETZEN KANNST

DAS GEBET

Das 10-minütige Gebetsmuster: ABBA

Gott möchte, dass wir lernen, auf vertraute Weise mit ihm zu reden. Er lädt uns sogar ein, ihn »Abba, lieber Vater« (Mk 14,36; Röm 8,15; Gal 4,6) zu nennen. Das Akronym **ABBA** ist eine Eselsbrücke, die einem helfen kann, beim Beten die Gedanken zu ordnen. Es kann sich auf einige Minuten beschränken oder mehr Zeit in Anspruch nehmen, je nachdem, wie Gott führt. **ABBA** steht für **A**nbetung, **B**uße, **B**itte und **A**nnahme.

1. Anbetung

Am Anfang deines Gebets bete Gott an. Lobe ihn dafür, *wer* er ist, *was* er tut und *warum* er es tut. Vergegenwärtige dir, *wer* Gott ist, indem du über seinen Charakter nachdenkst. Wenn du dir in Erinnerung rufst, *was* er getan hat, sinnst du über seine Taten nach. Zum Schluss lege dein Augenmerk auf das *Warum* Gottes. Seine Motivation ist seine treue Liebe, die er uns entgegenbringt (Ps 100,5).

2. Buße

Nachdem du darüber nachgedacht hast, was *Gott* getan hat, fällt es dir leichter, auf das zu sprechen zu kommen, was *du* getan bzw. *nicht* getan hast. Buße findet statt, wenn wir uns unser Versagen vor Augen halten und uns davon abwenden. Mit einem demütigen Sündenbekenntnis drücken wir aus, dass wir auf den Heiligen Geist angewiesen sind, um wieder hergestellt zu werden. Wahre Buße umfasst mein Handeln und meine Einstellung (Phil 2,5).

3. Bitte

Jesus hat uns gelehrt, Gott zu *bitten*, und Paulus hat uns eine großartige Gebetsliste gegeben, an die wir uns halten können (s. Kol 1,9–12). Die geistlichen Inhalte der Gebete, die wir in der Heiligen Schrift finden, können für dich und andere eine Anregung fürs Gebet sein.

4. Annahme

Selbst Jesus ist gewachsen, bis er schließlich sagen konnte: »Nicht mein Wille, sondern deiner geschehe« (Lk 22,42b). Deine Bereitschaft, den Willen Gottes anzunehmen und ihm deine eigenen Wünsche zu unterstellen (so schwer das auch anfangs sein mag), ist ein wesentliches Element des Gebets. Nachdem du deine Anliegen vorgetragen hast, stelle sicher, dass du deine Wünsche an Gott abgibst und ihm sagst, dass du seine Gebetserhörung annehmen wirst – ganz egal, worauf sie hinauslaufen wird.

Über den Charakter Gottes nachdenken

Anbetung und Lobpreis sind ein wesentlicher Bestandteil des Gebets. Nachfolgend findest du eine unvollständige Aufzählung der Eigenschaften und Namen Gottes. Ein Nachsinnen über diese Merkmale Gottes wird deine Gebetszeit bereichern. Dies ist für den Aufschieber, der in seinem Vertrauen zu Gott wachsen muss, überaus wertvoll.

allgegenwärtig – Ps 139,7–8	König – 1Tim 1,17
allmächtig – Hi 42,2	König der Könige – Offb 19,16
allwissend – Ps 139,1–6	Lamm Gottes – Joh 1,29
barmherzig – Ps 86,15	Leben – Joh 14,6
Beistand – Joh 15,26	lebendiger Gott – 5Mo 5,26
Beschützer – Sach 9,15	Licht – Joh 8,12
Bewahrer – 2Thes 3,3	Liebe – Röm 5,8
eifersüchtig – 2Mo 34,14	nachsichtig – Ps 130,4
Ehrfurcht gebietend – Neh 1,5	nah – Ps 145,18–21
Erlöser – Hi 19,25	mächtig – 2Tim 1,12

Ewige Stärke – Jes 9,6	Retter – Lk 2,11
Fels – Ps 18,2	Schirm – Ps 32,7
Festung – Ps 18,2	Schöpfer – 1Mo 1–2
Friedefürst – Jes 9,6	siegreich – 1Kor 15,57
Freund – Joh 15,12–16	Stärke – Ps 28,7
Führer – Ps 23,3	starker Gott – Jes 9,6
geduldig – 2Pet 3,9	starker Turm – Ps 61,4
gerecht – 5Mo 32,4	treu – 1Kor 10,13
gnädig – Ps 145,8	Überwinder – Röm 8,35–39
Gott der Hoffnung – Röm 15,13	unendlich – Ps 147,5
groß – Dan 2,45	unergründlich – Hi 42,2
heilig – Jes 6,3	unsterblich – 1Tim 1,17
Helfer – Ps 46,2	unveränderlich – Heb 13,8
Held im Streit – Ps 24,8	Versorger – Heb 11,40
Herr der Herren – Offb 19,16	vertrauenswürdig – Ps 84,11–13
Herrlichkeit – Ps 24,7	Wahrheit – Joh 8,32; 14,6
hocherhaben – 2Pet 1,17	würdig – Offb 5,12
Höchster – Dan 4,17	Zuflucht – Ps 46,1[48]

---

[48] Diese Liste wurde erstellt in Anlehnung an Nancy Adels, *God's RX: Alphabet Soup*, (Xulon Press, 2012), S. 15–107.

DIE SCHRIFT

Bibelabschnitte zum Thema »Zeit«

Zeit & du	Zeit & Gott
Esther 4,14	1. Mose 1,1
Psalm 31,15	1. Mose 21,33
Psalm 37,18–19	2. Mose 3,13–14
Psalm 90, 3–6; 10–12	5. Mose 33,27
Sprüche 6,6–8; 10–11	Psalm 33,11
Sprüche 16,3.9	Psalm 90,1–4
Hiob 10,1–22	Psalm 100,5
Klagelieder 3,1–8	Jesaja 41,26
Jeremia 29,11	Jesaja 57,15
Markus 14,8	Matthäus 24,25
Lukas 9,60–62	Markus 13,11
2. Korinther 6,2	Markus 13,32
Epheser 1,10	Galater 4,4
Epheser 5,16	Epheser 2,10
Jakobus 4,13–15	Epheser 3,10–11
Philipper 3,13–14	1. Timotheus 1,17
1.Thessalonicher 3,4	2. Petrus 3,9
2. Petrus 3,17	Offenbarung 1,8

Bibelabschnitte zum Thema »Haushalterschaft«

Wir sind Haushalter der Zeit – nicht ihr Besitzer. Die folgende Auswahl von Abschnitten befasst sich mit Verwalterschaft bzw. Haushalterschaft.

5. Mose 8,17–18	1. Korinther 4,1–2
Psalm 24,1	1. Korinther 6,19
Psalm 39,4–5	1. Korinther 9,26–27
Sprüche 13,4	2. Korinther 8,1–15
Sprüche 16,3	Epheser 5,15–16
Matthäus 5,16	Kolosser 4,5–6
Matthäus 6,19–21	1. Timotheus 4,14–15
Matthäus 25,1–46	1. Timotheus 6,6–10.17–19

Bibellese: 1–10 Kapitel am Tag

Wer dazu neigt, Dinge aufzuschieben, dem fällt es schwer, seine Zeit in Aufgaben zu investieren, die wichtig, aber nicht dringend sind. Er tut sich auch schwer damit, einen Plan zu erstellen, um diese wichtigen Aufgaben zu bewerkstelligen. Die folgende Methode zur Bibellese wurde von Dr. Grant Horner im Fachbereich »Englisch« am *The Master's College* in Santa Clarita, Kalifornien, entwickelt. Die Methode ist flexibel einsetzbar und eignet sich für Bibleleseanfänger und Fortgeschrittene.

- Fertige dir eine Fotokopie der Lesezeichen an, die du auf der folgenden Seite vorfindest. Schneide sie aus und lege sie an die jeweiligen Stellen in deiner Bibel.
- Die Bibellese wurde nach Literaturgattungen geordnet, um das Lesen zu erleichtern. Der Zeitrahmen gibt an, wie viele Tage es dauern wird, um den jeweiligen Teilabschnitt zu lesen, wenn du ein Kapitel am Tag liest.
- Wenn du das jeweilige Kapitel gelesen hast, legst du das entsprechende Lesezeichen an die nächste Stelle und bewegst es so nach und nach durch deine Bibel. Sobald du ein Genre bzw. eine Literaturgattung abgeschlossen hast, setzt du das Lesezeichen wieder an den Anfang des Teilabschnitts und fängst wieder von vorne an.
- Wenn das regelmäßige Bibellesen noch neu für dich ist, beschränke dich auf ein oder zwei Kapitel (für Anfänger empfehle ich die Lesezeichen 1 und 7). Hast du beim Bibellesen und Bibelstudium ein wenig mehr Übung bekommen, lies ein zusätzliches Kapitel von einem Lesezeichen deiner Wahl. Vielleicht schaffst du eines Tages mit Leichtigkeit 10 Kapitel am Tag.
- Stelle dir folgende Fragen zum Gelesenen: (1) *Wovon handelt es?* (2) *Was bedeutet es?* (3) *Was sollte meine Reaktion darauf sein?* Für weitere Einzelheiten zu diesem Prozess siehe: *So wie Jesus. Biblische Strategien für geistliches Gedeihen*, Abschnitt »Wie du das

Gelernte umsetzen kannst« / »3 Fragen fürs Bibelstudium«.
- Überlege dir, ob du dir beim Bibellesen Passagen anstreichen möchtest. Ich selbst benutze die Farbe Grün, um Dinge zu markieren, die Gott von mir erwartet; Rot, um Einstellungen und Verhaltensweisen zu markieren, die ich vermeiden sollte; und Lila, um Abschnitte zu markieren, die Wahrheiten über den Charakter oder das Wirken Gottes vermitteln.
- Räume dir etwas Flexibilität bei deinem Bibelleseplan ein. Jeder erlebt einmal einen chaotischen Tag, der vollgepackt ist mit unvorhergesehenen Dringlichkeiten. Es kann immer mal einen chaotischen Tag geben, und auch wenn du hier und da manchmal ein Kapitel auslassen musst, sollte dich das nicht entmutigen bzw. davon abhalten, dir anzugewöhnen, deine Bibel sorgfältig zu lesen und ihre Wahrheit anzuwenden.

WIE DU DAS GELERNTE UMSETZEN KANNST

Liste 1	Liste 2	Liste 3	Liste 4	Liste 5
Matthäus, Markus, Lukas, Johannes	1. Mose, 2. Mose, 3. Mose, 4. Mose, 5. Mose	Römer, 1. & 2. Korinther, Galater, Epheser, Philipper, Kolosser, Hebräer	1. & 2. Thessalonicher, 1. & 2. Timotheus, Titus, Philemon, Jakobus, 1. & 2. Petrus, 1., 2. & 3. Johannes, Judas, Offenbarung	Hiob, Prediger, Hohelied
89 Tage	187 Tage	49 Tage	65 Tage	62 Tage

Liste 6	Liste 7	Liste 8	Liste 9	Liste 10
Psalmen	Sprüche	Josua, Richter, Ruth, 1. & 2. Samuel, 1. & 2. Könige, 1. & 2. Chronik, Esra, Nehemia, Ester	Jesaja, Jeremia, Klagelieder, Hesekiel, Daniel, Hosea, Joel, Amos, Obadja, Jona, Micha, Nahum, Habakuk, Zephanja, Haggai, Sacharja, Maleachi	Apostelgeschichte
150 Tage	31 Tage	249 Tage	250 Tage	28 Tage

Eine Methode zum Auswendiglernen der Heiligen Schrift

Diese Methode gründet sich auf drei Grundannahmen: (1) Die Heilige Schrift bietet uns hervorragende *Verteidigungsmöglichkeiten* gegen die Versuchung. Aus diesem Grund werden die ersten zehn Verse, die nachfolgend aufgeführt sind, nach dem Lüge-Wahrheit-Format auswendig gelernt. Dies schützt uns vor Versuchung. (2) Die Heilige Schrift ist aber auch eine ausgezeichnete *Angriffswaffe*, um die Anziehungskraft der Versuchung zu schwächen. Daher beschäftigen sich die darauffolgenden zehn Verse mit dem Charakter Gottes und dem Evangelium. Je mehr wir Gott lieben und je mehr wir das Evangelium schätzen lernen, umso schwächer wird die Anziehungskraft der Versuchung. (3) Wir prägen uns die Heilige Schrift am besten ein, wenn wir die Worte, die wir auswendig lernen, *verstehen* (darüber nachsinnen) und im Alltag *anwenden*. Aus diesem Grund ist das gedankenlose Auswendiglernen allein kein effektives Mittel, um uns vor Sünde zu schützen.

Biblische Wahrheiten zur Bekämpfung der Lügen des Verführers

Lüge 1: Deine Zeit gehört dir. Du solltest sie so nutzen können, wie du willst.
→ Wahrheit: Epheser 5,15–16

Lüge 2: Wenn du das, wovor du dich fürchtest, auf morgen verschiebst, werden sich deine Ängste verflüchtigen.
→ Wahrheit: Psalm 56,3–4

Lüge 3: Wenn du heute die Dinge erledigst, die du tun solltest, wirst du auch morgen keine Zeit mehr übrighaben, um die Dinge zu tun, die du tun willst.
→ Wahrheit: Sprüche 6,10–11; 13,4

Lüge 4: Wenn du mit dieser Aufgabe beginnst, wirst du sie ohnehin nicht beenden können – versuch es deshalb gar nicht erst.
→ Wahrheit: Philipper 1,6; 4,13

Lüge 5: Diese Aufgabe ist zu schwer für dich. Warte ab, bis sie dir leichter fällt.
→ Wahrheit: Sprüche 3,5–6

Lüge 6: Gott kümmert sich nicht um dich. Du wirst das allein hinbekommen müssen.
→ Wahrheit: Psalm 73,25–26

Lüge 7: Du kannst dich nicht verändern. So bist du nun einmal.
→ Wahrheit: 2. Korinther 5,17

Lüge 8: Lebe heute besser einmal für dich selbst. Morgen kannst du immer noch anfangen, Gott nachzufolgen.
→ Wahrheit: 2. Korinther 6,2

Lüge 9: Dir bleibt immer noch der morgige Tag, um die Dinge von heute zu tun.
→ Wahrheit: Prediger 9,10; Jakobus 4,14

Lüge 10: Diesen zwischenmenschlichen Konflikt wirst du nie lösen können. Warte darauf, dass der andere auf dich zugeht.
→ Wahrheit: Matthäus 18,15

Biblische Verheißungen über Gott und das Evangelium

Verheißung 1: Gott hält die Zeit in seiner Hand.
→ Psalm 90,2

Verheißung 2: Gott liebt mich und tritt gerne für mich ein.
→ Zephanja 3,17

Verheißung 3: Meine Zeit ist zwar kurz, doch Gottes Wort bleibt ewiglich.
→ Jesaja 40,7–8

Verheißung 4: Gottes Gnade beflügelt mich, fleißig zu sein.
→ 1. Korinther 15,10

Verheißung 5: Gott verfolgt mit seinem Wirken in meinem Leben und in meinen Umständen einen Plan.
→ Jeremia 29,11.13

Verheißung 6: Gott steht souverän über allem.
→ Daniel 4,34–35

Verheißung 7: Gott wird mich stärken, wenn ich schwach bin.
→ Jesaja 41, 10.13

Verheißung 8: Gottes Liebe ist aufopferungsvoll.
→ Johannes 3,16–17

Verheißung 9: Gott ist größer als jedes Problem.
→ Jeremia 32,27

Verheißung 10: Gott hat mich bereits geliebt, als ich noch nicht liebenswert war.
→ Römer 5,6–8

DER HEILIGE GEIST

Selbsttest: Verschwende ich Zeit?

Ein 15-Minuten-Tagebuch eignet sich hervorragend, um herauszufinden, wie du deine Zeit verbringst.

- *Achte darauf, dass du deine Einträge einfach* hältst. Der Zweck dieser Aufzeichnungen ist, in Erfahrung zu bringen, wo du bezüglich deiner Zeit Anpassungen vornehmen kannst.
- *Ziehe die Aufzeichnungen ein bis zwei Wochen lang durch.* Im Laufe der Zeit wirst du Verhaltensmuster entdecken und erkennen, wo Veränderungsbedarf besteht.
- *Beurteile die Einträge.* Bewerte, wie du deine Zeit verbracht hast. Hast du sie mit dem verbracht, was du für wichtig hältst (s. S. 119–120)? Dienen die Aktivitäten deinen biblischen Rollen und Verantwortlichkeiten (s. S. 121–122)?
- *Nimm Anpassungen vor, um mehr Zeit verfügbar zu machen.* Möglicherweise entdeckst du, dass du deine Zeit schlecht genutzt hast. Durch *Bündeln* (das Kombinieren von ähnlichen Aufgaben in 25–30 Minuten-Abschnitten) könntest du unter Umständen mehr Zeit gewinnen. Gott hat bei seinem Schöpfungsakt ähnliche Prozesse gebündelt (1Mo 1–2).

Hol dir DEINE ZEIT zurück!

Vormittags		Nachmittags		Abends	
6:00		12:00		18:00	
6:15		12:15		18:15	
6:30		12:30		18:30	
6:45		12:45		18:45	
7:00		13:00		19:00	
7:15		13:15		19:15	
7:30		13:30		19:30	
7:45		13:45		19:45	
8:00		14:00		20:00	
8:15		14:15		20:15	
8:30		14:30		20:30	
8:45		14:45		20:45	
9:00		15:00		21:00	
9:15		15:15		21:15	
9:30		15:30		21:30	
9:45		15:45		21:45	
10:00		16:00		22:00	
10:15		16:15		22:15	
10:30		16:30		22:30	
10:45		16:45		22:45	
11:00		17:00		23:00	
11:15		17:15		23:15	
11:30		17:30		23:30	
11:45		17:45		23:45	

Priorisieren: Investiere ich Zeit in das, was wirklich wichtig ist?

Das bereits vorgestellte Eisenhower-Raster (s. S. 77) soll dir dabei helfen, bessere Prioritäten zu setzen. Nimm dir ein gesondertes Blatt Papier zur Hand und zeichne die vier Quadranten auf. Zeichne sie groß genug, sodass Platz für alle deine täglichen Aktivitäten ist und zähle diese dann auf.

	wichtig UND dringend		wichtig, ABER nicht dringend
QUADRANT 1		QUADRANT 2	
	nicht wichtig, ABER dringend		nicht wichtig UND nicht dringend
QUADRANT 3		QUADRANT 4	

Beachte die Schaubilder auf der nächsten Seite. Wenn du dich schwertust, Aufgaben rechtzeitig zu erledigen, dann ähnelt dein Leben wahrscheinlich Schaubild A. Du verbringst ungebührlich viel Zeit mit Dingen, die weder wichtig noch dringend sind. Der weise Mensch hat gelernt, Entscheidungen zu treffen, die eher dem Schaubild B entsprechen. Er füllt sein Leben mit Aufgaben, die zwar wichtig, aber nicht dringend sind. Um deine Lebensweise umzustellen, nimm dein Blatt zur Hand und streiche die Dinge im Quadranten 4 durch. Dann schreibst du eine wichtige, aber nicht dringende Aufgabe, die du tun solltest, in den Quadranten 2.

wichtig UND dringend 1	2 wichtig, ABER nicht dringend
3 nicht wichtig, ABER dringend	4 **nicht wichtig UND nicht dringend**

Diagramm A: Der törichte Mensch

Wichtig UND dringend 1	2 **wichtig ABER nicht dringend**
3 nicht wichtig, ABER dringend	4 nicht wichtig UND nicht dringend

Diagramm B: Der weise Mensch

Biblizieren: Leite ich, was wirklich wichtig ist, von biblischen Werten ab?

Deine Rolle	Bibelabschnitte
Angeheirateter Verwandter	1Mo 2,24; 2Mo 18,1–27; Ruth 1–4
Arbeitgeber	1Mo 31,7; 3Mo 19,13b; 5Mo 24,15; Rt 2,14–16; 1Sam 30,20–25; Spr 22,16; Jer 22,13; Lk 10,7b; Röm 4,4; 1Tim 5,18; Eph 6,9; Jak 5,4
Arbeitnehmer	1Mo 2,15; 3,17–19; 1Mo 39,3–6a; Spr 21,25; Dan 6,5; Eph 6,5–8; Kol 3,22–23; 1Thes 2,9; 1Tim 6,1–2; Tit 2,9; 1Petr 2,18
Botschafter	Spr 13,17; 2Kor 5,20; Eph 6,20; Joh 20,21
Diener	Mt 25,35–40; Mk 10,42–45; Gal 5,13–14; Phil 2,3–7
Ehefrau	1Mo 2,18; 2Mo 20,14; Spr 18,22; 31,10–31; 1Kor 7,1–5.33; 11,9; 14,33–35; Eph 5,22–24; Kol 3,18; 1Tim 2,11–15; Tit 2,3–5; 1Pet 3,1–6;
Ehemann	1Mo 2,18.24; 2Mo 20,14; Spr 5,18–20; 1Kor 7,1–5.33; 11,3; Eph 5,23.25–33; Kol 3,19; 1Tim 5,8; 1Pet 3,7
Elternteil	5Mo 6,6–9; Ps 127,3–5; Spr 13,24; 22,6; Lk 11,11; Eph 6,4; Kol 3,21; Heb 12
Erdenbürger	Mt 22,20–22; Apg 22,25–29; Röm 13,1–7; 1Tim 2,1–4; 1Pet 2,13–14.17b
Frau	Rt 3,11; Spr 14,1; 31,30; Tit 2,3–5; 1Pet 3,3–4

Freund	2Sam 1,26; Spr 17,17; 18,24; 27,6.17; Joh 15,13–15; Phil 2,3–8
Friedensstifter	1Mo 26,18–22; Ps 34,13–14; Mt 5,9; Röm 12,18; Heb 12,14; Jak 3,17–18
Gemeindeglied	Mt 18,15–20; Lk 17,3–4; 1Kor 12,12–27; Röm 12,1–8; Gal 6,1–2; Eph 4,12–16
Haushalter	5Mo 8,17–18; Mt 25,14–30; 1Kor 4,2; 1Pet 4,10
Himmelsbürger	Eph 2,19; Phil 3,20; Heb 11,13; 1Pet 2,9
Jünger	Mt 10,34–38; Mk 10,17–27; Lk 9,23–27; 14,27
Kind	1Mo 2,24; 2Mo 20; Mk 7,9–13; Eph 6,1–3; Kol 3,20; 1Tim 5,4.8
Lehrer	Esra 7,10; Lk 6,40; 2Tim 2,2; 24–26; Tit 2,7; Jak 3,1
Leidender	Jes 53,3–10; Apg 5,41; 9,16; Phil 1,29; Heb 12,12; 1Pet 2,21–25; 4,12–16; 5,10
Leiter	2Mo 18; Mk 10,42–45; Phil 2,5–8; 1Tim 4,12; 2Tim 2,2–26
Mann	Jos 1,8; Eph 6,1–13; 1Kor 6,13–14; 1Joh 2,6
Nächster	3Mo 19,13–18; Mk 12,31; Spr 3,29; Mt 7,12; Lk 10,25–37; Röm 13,9; 15,2; Gal 5,14; Jak 2,8
Tempel (individuell)	Röm 12,1; 1Kor 6,19–20, 1Tim 4,7–9
Tempel (kollektiv)	1Kor 3,16–17
Vorbild	Mt 5,16; Röm 14,1–21; 1Kor 11,1; Phil 3,17; 1Thes 1,5–7; 1Tim 4,12; 1Pet 3,1.7; 3Joh 1,11–12

Ein Identitätsverständnis auf Basis biblischer Werte entwickeln

- *Suche Gottes Führung durch das Gebet.* Beginne damit, dass du mit Gott redest. Er möchte, dass du ihm vertraust und seine Führung suchst (Spr 3,5–6). Er erwartet von dir, dass du seinen Willen kennst, damit du ihn auch tun kannst (1Thes 4,1–3). Sei bereit, dich Gott unterzuordnen und das zu tun, was er dir zeigt (Mk 14,36).
- *Denke über deine Rollen und Verantwortungsbereiche nach.* Denke gründlich über die Rollen und Verantwortlichkeiten nach, zu denen Gott dich berufen hat (schau dir noch einmal S. 82–88 an). Diese kommen meistens im Zusammenhang mit deinen Beziehungen (Freund, Arbeitnehmer, Mutter, Tochter usw.) zum Ausdruck. Zähle sie auf und schreibe sie nieder. Sie werden zur Grundlage für den nächsten Schritt.
- *Entdecke Schlüsselabschnitte, die Aufschluss über deine Identität geben.* Ich empfehle folgende Hilfsmittel, um Schlüsselabschnitte zu finden: eine Bibel, die nach Themen geordnet ist (s. auch Anhänge von guten Studienbibeln), Konkordanzen, Computersoftware[49] bzw. Bibel-Apps, Das *Treasury of*

---

[49] Ein hervorragendes kostenloses Programm findest du hier: https://e-sword.de. Auch der Marktführer Logos bietet eine kostenlose Basisversion seines ansonsten kostenpflichtigen Pakets an: https://de.logos.com/basic

Scripture Knowledge (TSK)[50], *The Quick Scripture Reference for Counseling*[51]. Natürlich kannst du auch nach Informationen im Internet suchen, indem du einfach »Was sagt die Bibel über (deine Rolle einsetzen)« in deinen Browser eingibst.

- *Formuliere Identitätsaussagen auf Grundlage dessen, was du durch das Bibelstudium entdeckt hast.* Versuche, deine Rolle mit einem Satz oder auch einfach nur mit drei bis fünf Schlüsselwörtern zusammenzufassen – je kürzer und prägnanter, umso einprägsamer. Die Aussagen müssen einprägsam sein, wenn du sie bei deinen Alltagsentscheidungen anwenden möchtest (s. S. 85–86).
- *Triff Entscheidungen entsprechend deiner Identitätsaussagen.* Ehe du dich verpflichtest, eine neue Aufgabe oder Verantwortung zu übernehmen, ziehe deine Identitätsaussagen zu Rate. Entspricht diese Entscheidung dem, wozu Gott dich berufen hat? Gehe die Identitätsaussagen immer

---

[50] Anmerk. des Übersetzers: Hierbei handelt es sich um eines der umfangreichsten Nachschlagewerke zur englischen KJV-Bibel. Wörter und Begriffe, die in einem Vers der Bibel vorkommen, werden referenziert, d. h. zu allen anderen Versen der Bibel in Beziehung gesetzt, in denen das gleiche (englische) Wort vorkommt. Diese Querverweise helfen dem Benutzer, Schrift mit Schrift zu vergleichen. Das gedruckte Lexikon wurde erstmals um 1830 von S. Bagster herausgegeben, später von R. A. Torrey. Man kann es kostenlos mit vielen anderen Modulen auf https://e-sword.de herunterladen.

[51] Anmerk. des Übersetzers: Hierbei handelt es sich um eine thematische Auflistung von Alltagsproblemen, denen die für die biblische Seelsorge relevanten Bibelabschnitte zugeordnet wurden. Wer grundlegendes Englisch versteht, kommt mit der englischen Originalversion recht gut klar.

wieder durch, um sie dir zu vergegenwärtigen, bis du dir angewöhnt hast, quasi automatisch danach zu leben.

BIBLISCHE STRATEGIEN

zur Überwindung von Versuchungen
und geistlichen Herausforderungen

Diese Serie besteht aus sechs kleinen Büchern, allesamt verfasst von Phil Moser. In seiner langjährigen Dienstzeit als Pastor hat er sechs Herausforderungen und Versuchungen identifiziert, mit denen viele in seiner Herde zu kämpfen hatten:

- **Geistliches Wachstum**
- **Angst & Sorge**
- **Zorn**
- **Sexuelle Versuchung**
- **Aufschieberitis**
- **Selbstmitleid**

Auf der Grundlage biblischer Seelsorge hat er für diese Herausforderungen biblische Strategien zur Überwindung derselben entwickelt, die in dieser Buchserie festgehalten sind. Der besondere Fokus dieser Strategien liegt dabei darauf, (1) dass das Studium der relevanten Bibelabschnitte nicht nur zu Wissen, sondern auch zur Anwendung führt, (2) dass die Gebete des Lesers nicht in erster Linie auf das Problem gerichtet bleiben, sondern auf die Eigenschaften Gottes, (3) dass auswendig gelernte Bibelverse nicht nur im Kopf aufbewahrt werden, sondern auch abgerufen werden, wenn es darauf ankommt, (4) dass zum Einüben neuer Gewohnheiten andere Christen als Rechenschaftspartner hinzugezogen werden und (5) dass das Gelernte nach der eigenen Anwendung auch leicht an andere weitergegeben werden kann.

Alle lieferbaren (und geplanten) Titel dieser Serie sowie kostenlose Downloads, die die jeweiligen Bücher ergänzen, findest du unter:

www.biblischestrategien.de

TASCHENHILFE

BIBLISCHER RAT FÜR DIE NÖTE DES ALLTAGS

Die Bibel ist ein theologisches Buch – aber kann sie auch Hilfe in konkreten Herausforderungen des Alltags geben? Die Mini-Taschenbücher der Serie Taschenhilfe geben eindrucksvoll Antwort darauf. Sie behandeln alltägliche Nöte aus biblischer Sicht. Es gibt zum Beispiel Taschenhilfen zu folgenden Themen:

- Mir platzt ständig der Kragen
- Jemand, den ich liebe, hat Krebs
- Mein Ehepartner war untreu
- Er ist in Pornografie verstrickt
- Alleinerziehend
- Häusliche Gewalt
- Panikattacken – Angst außer Kontrolle
- Dating? Kein Plan.
- Eine Behinderung belastet unsere Ehe

Der Fokus dieser Bücher liegt darauf, leidenden und hilfesuchenden Menschen zu helfen, und gleichzeitig sind sie eine Orientierungshilfe für diejenigen, die anderen helfen wollen. In jedem Buch wird das Evangelium klar und biblisch erklärt und auf die konkrete Herausforderung angewandt. Mit einem Umfang von 70 bis 80 Seiten sind die Bücher so kurz und das Thema ist so präzise auf den Punkt gebracht, dass man als Leser sehr schnell den Kern des Problems erkennt und den biblischen Lösungsweg versteht.

Alle lieferbaren (und geplanten) Titel dieser Serie findest du unter:

WWW.TASCHENHILFE.DE

WWW.GRUNDLAGENDESGLAUBENS.DE

DIN A4, 132 SEITEN
2. NEUAUFLAGE 09/2021

9,90 €

> *Grundlagen des Glaubens* basiert auf der Überzeugung, dass es beim Christentum um Wahrheit geht – die Wahrheit über Gott, die Wahrheit über den Menschen und die Wahrheit über Christus.
>
> *John MacArthur*

Dieser Glaubenskurs ist eine einfache und praktische Möglichkeit, sich die Grundlagen des christlichen Glaubens anzueignen. Egal ob du die Lehren des Christentums noch gar nicht kennst, ob du neu im Glauben bist oder vielleicht schon seit langem gläubig bist – dieser Kurs nimmt dich in Gottes Wort hinein. Er hilft dir, die zentralen Aussagen der Bibel zu verstehen und legt so ein solides Fundament für das Leben als Christ. In 13 Lektionen werden grundlegende Wahrheiten der Bibel behandelt, die jeder Christ kennen sollte:

- Einführung in die Bibel
- Wie man sich die Bibel erschließt
- Gott: Sein Wesen und seine Eigenschaften
- Die Person Jesu Christi
- Das Werk Christi
- Die Errettung
- Die Person und der Dienst des Heiligen Geistes
- Das Gebet und der Gläubige
- Die Gemeinde: Gemeinschaft und Anbetung
- Die Geistesgaben
- Evangelisation und der Gläubige
- Gehorsam
- Gottes Wille und Führung

Jede Lektion führt dich durch ein Thema. Ergänzend zu diesem Arbeitsbuch stehen dir kostenfreie Videos zur Verfügung, anhand derer du das Thema vertiefen kannst. Diese Videos und weitere Informationen findet du auf:

www.grundlagendesglaubens.de

Noch nicht verheiratet

Marshall Segal

Das Streben nach Freude im Single-Sein und in der Kennenlernphase

Paperback, 240 Seiten
EBTC, 1. Auflage 11/2019

11,90 €

Im Leben geht es nicht in erster Linie um Liebe und Ehe. Daher müssen wir unser Leben und unser Dating-Verhalten auf ein höheres Ziel ausrichten.

Viele von euch sind mit der Annahme aufgewachsen, dass die Ehe alle eure Bedürfnisse stillen und Gottes Bestimmung für euch offenbaren würde. Gott hat jedoch weit mehr mit dir vor als nur deine zukünftige Ehe. In Noch nicht verheiratet plädiert Marshall Segal nicht dafür, dass du dich in einer Ecke verkriechst und darauf wartest, dass Gott dir »den Richtigen« oder »die Richtige« vorbei bringt. Er will dich vielmehr ermutigen, dass du dein Leben und dein Dating-Verhalten hier und jetzt auf ein höheres Ziel ausrichtest.

Als Nachfolger Jesu strebst du nicht danach, den perfekten Ehepartner zu finden, sondern du strebst nach Gott. Die Liebesgeschichte, in der du eine Hauptrolle spielen wirst, wird vermutlich anders verlaufen als die, die du für dich selbst geschrieben hättest. Das liegt daran, dass Gott dich liebt, dich kennt und einfach der bessere Autor ist. Marshall Segal hat dieses Buch geschrieben, um dir zu helfen, wahre Hoffnung, Freude und Bestimmung in deinem Leben als Noch-nicht-Verheiratete(r) zu finden.

Wann ist ein Christ ein Christ?

Wolfgang Nestvogel

Der Kampf um die Rechtfertigung

Paperback, 248 Seiten
EBTC, 2. Auflage 04/2018

12,90 €

Das 500-jährige Reformationsjubiläum wurde »vergeigt« – so lautet jedenfalls die Kritik des Göttinger Kirchenhistorikers Thomas Kaufmann. In einem Gastbeitrag für die FAZ beklagte der renommierte Lutherforscher die theologische Oberflächlichkeit des Projekts. In der Tat hörte man im Jahr 2017 nicht viele Stimmen, die sich zur Rechtfertigung aus Glauben, dem eigentlichen Kernthema der Reformation, zu Wort meldeten. Dieses Buch greift das Thema aus aktuellem Anlass auf.

Wann ist ein Christ ein Christ? Gibt es auf diese Frage überhaupt eine eindeutige und verlässliche Antwort? Der Apostel Paulus geht mit Bestimmtheit davon aus. In seinen Briefen präsentiert er dazu die Lehre von der Rechtfertigung des Sünders. Als Martin Luther diese Wahrheit nach 1500 Jahren wieder entdeckt, zerbricht daran die damalige Einheitskirche. Seitdem ist der Kampf um die Rechtfertigung nicht mehr zur Ruhe gekommen. Entscheidet sich doch – laut Paulus – gerade hier, ob unser Evangelium echt oder verfälscht ist, ob die Menschen durch die Predigt gerettet oder getäuscht werden (Galater 1,6).

Europäisches Bibel Trainings Centrum

Berlin · Rheinland · Zürich · Wien

BERUFSBEGLEITENDE BIBELSCHULE

Wir glauben, dass eine gründliche Auslegung der Schrift und deren Anwendung das Fundament jeglichen Dienstes ist, ja sein muss. Deswegen liegt das Hauptgewicht unserer Ausbildung auf einer exakten, sorgfältigen Auslegung der Schrift, der kraftvollen Predigt und der treuen Anwendung des Wortes Gottes, und zwar Vers für Vers. Eine Kombination von Präsenz- und Fernstudium ermöglicht es den Teilnehmern, eine grundlegende Ausbildung zu erhalten, ohne dabei ihre Arbeit oder den Gemeindedienst vernachlässigen zu müssen. Der Unterricht findet jeweils an einem Wochenende pro Monat statt (Freitag bis Samstag) und erstreckt sich über jeweils 10 Monate pro Jahr.

Bibelkunde
(1 Jahr)

verschafft einen Überblick über die gesamte Bibel und jedes einzelne Bibelbuch (für Männer und Frauen)

Bibelstudium mit Gewinn
(1 Jahr)

betont das Studieren einzelner Bibeltexte in Bezug auf Aussage, Absicht und Anwendung (für Männer und Frauen)

Musikdienst
(1 – 2 Jahre)

hilft biblische und musikalische Prinzipien in der Gemeinde zu verstehen und umzusetzen (für Männer und Frauen)

Auslegungspredigt
(2 Jahre)

bereitet Männer für den Predigtdienst und pastorale Leitungsaufgaben in der Gemeinde vor

Biblische Seelsorge
(2 Jahre)

gibt biblische Hilfestellung für Jüngerschaft und praktische Seelsorge (für aktive Mitarbeiter/-innen in der Gemeinde)

Master of Divinity
(6 Jahre)

rüstet bewährte Männer für den Predigt- & Lehrdienst zu

www.ebtc.org